나의 미래니까, 나답게

행복한 삶, 마음 Pick! ②
나의 미래니까, 나답게
글 조셉 V. 치아로키, 루이즈 L. 헤이스 | 그림 지효진 | 옮김 김정은

펴낸날 2022년 7월 7일
펴낸이 김주한 | **책임편집** 조연진 | **책임마케팅** 김민석 | **디자인** 조희정
펴낸곳 픽 | **출판등록** 제406-251002015000039호
제조국 대한민국 | **사용연령** 8세 이상
주소 (10881) 경기도 파주시 회동길 471(문발동) 몽스패밀리Bd. 301호, 302호

© 지효진, 2022

ISBN 979-11-92182-11-7 74190
ISBN 979-11-87903-96-3 74080(세트)

이 책을 무단 복사, 복제, 전재하는 것은 저작권법에 저촉됩니다.
※ 잘못된 책은 서점에서 바꾸어 드립니다.

Peak을 향한 **Pick_픽**은 <잇츠북>의 교양서 브랜드입니다.

YOUR LIFE, YOUR WAY
Copyright © 2020 by Joseph V. Ciarrochi and Louise L. Hayes
All rights reserved.

Korean translation copyright © 2022 It's Book Publishing Co.
Korean edition was prepared with the permission of New Harbinger Publications, Inc.
through KOLEEN AGENCY, Korea.
All rights reserved.

이 책의 한국어판 저작권은 콜린 에이전시를 통해 저작권자와 독점 계약한 잇츠북에 있습니다.
저작권법에 의해 한국 내에서 보호를 받는 저작물이므로 무단 전재와 무단 복제를 금합니다

나의 미래니까, 나답게

주체적으로 삶을 일궈 나가는 비법

차례

나의 삶을 나답게 일궈 나가기 위한 특별한 기술 익히기

- ❶ 내 마음이 이끄는 대로 따라가기   12
- ❷ 내 삶은 내가 주도하는 것   20
  : 알아차리는 사람, 조언하는 사람, 발견하는 사람과의 만남
- ❸ 관점을 바꿔 나와 세상을 바라보기   54
  : 자기 관점과 사회적 관점

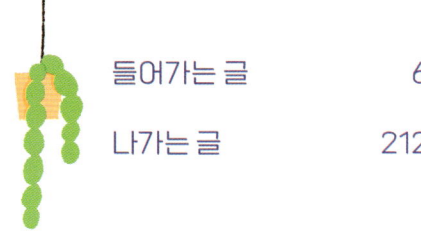

| 들어가는 글 | 6 |
| 나가는 글 | 212 |

나의 삶을 나답게 일궈 나가기 위한 기술 적용하기

- ④ 생각이나 걱정을 멈출 수 없을 때　　66
- ⑤ 불안하거나 초조할 때　　80
- ⑥ 서로에게 힘이 되는 관계를 만들기　　92
- ⑦ 학교에서의 괴롭힘에 대처하기　　112
- ⑧ 우울하거나 슬플 때　　126
- ⑨ 나쁜 경험을 극복하기　　144
- ⑩ 과도한 온라인 생활에서 벗어나기　　160
- ⑪ 진정한 자신감을 기르기　　180
- ⑫ 원하는 일을 잘 해내고 싶을 때　　196

여러분이 좋든 싫든 변화가 오고 있다는 것을 알리기 위해 우리는 이곳에 왔습니다.

그레타 툰베리, 청소년 환경 운동가

들어가는 글

그레타 툰베리에 대해 들어 보았니? 그레타는 지구 온난화에 관심을 가지고 그 심각성에 깊은 슬픔을 느꼈어. 처음에는 '나 같은 어린아이 한 명이 무엇을 할 수 있을까?'라고 생각했지만, 곧 변화를 이끌어 내기 위해 행동하기로 결심했어. 국회 의사당 앞으로 가서 손으로 직접 쓴 '기후 변화를 위한 학교 파업'이라는 피켓을 들고 1인 시위를 시작했지. 처음부터 이런 일에 전문가는 아니었지만, 계속 사람들 앞에 끈질기게 나타났고 지구 환경에 대하여 공부했어. 그러면서 더 강해지고 현명해지고 효과적인 방법을 찾아낼 수 있게 되었어. 이러한 노력에 감동받은 전 세계 사람들이 점차 정부가 지구 온난화를 막기 위해 노력할 것을 촉구하는 시위에 동참했어.

그레타는 노벨 평화상 후보에도 올랐어. 피켓을 드는 작은 행동으로 변화를 향하여 걷기 시작했을 때만 해도 아마 자신에게 무슨 일이 일어날지 전혀 몰랐을 거야.

변화는 모두에게 어려워. 사람들은 변화보다는 뭐든 그대로 유지하는 걸 좋아해. 하지만 너희는 변화에 직면하는 법을 배워야 해. 그러지 못한 채 어른이 된 사람에게 삶은 더 어려운 것이 될 테니까.

오랫동안 친하게 지낸 친구가 너에게 상처를 주었다면 아무 일도 일어나지 않은 척 그냥 지나가는 대신에 변화하기를 선택할 수 있어. 그 친구를 일부러 피할 수도, 대면할 수도, 누군가의 도움을 받을 수도 있지.

변화하는 동안에 어떤 사람들은 더 강해지고, 더 돈독한 관계를 만들고, 마침내 성공해. 하지만 또 어떤 사람들은 변화를 감당하지 못하고 무너지고 말아. 이 책은 네가 변화하면서 강해지도록 도와주기 위한 거야. 변화를 큰 힘으로 바꾸고, 자신만의 삶을 창조하는 비결을 알려 줄게. 변화를 두려워하지 않는 법, 변화를 받아들이며, 때론 소리 지르는 법도 배워 보자. 나중에는 이렇게 말하게 되겠지.

"어떤 변화든 괜찮아. 다 덤비라고!"

이 책의 1부는 네가 선택한 방향으로 삶을 바꿀 수 있도록 도와주는 특별한 기술에 관한 내용이야. 2부는 이 기술을 여러 상황에 활용할 수 있도록 구성했어. 불안할 때, 우울할 때, 성취하고자 할 때, 친구와의 사이에서 문제가 생겼을 때, 누군가가 괴롭힐 때 해야 할 일을 다루었지. 책 전체를 전부 읽어도 좋지만, 처음부터 끝까지 한번에 읽을 필요는 없어. 1부를 읽고 나서 2부는 관심 있는 주제부터 선택해서 읽어 보자.

나의 삶을 나답게 이끄는 비결

마음을 따라가기

어려운 문제가 생겼을 때, 변화를 맞이했을 때 대처하는 방법을 알려면 먼저 자기 자신부터 알아야 해. 내가 무엇에 관심이 있고, 무엇을 소중하게 여기고, 어떤 사람이 되고 싶은지 알아 가면서 나도 몰랐던 나의 장점과 열정을 발견할 수 있어. 다른 사람이 네가 해야 할 일이나 느낌을 대신 말하게 두지 마. 네가 진정으로 어떤 사람이 되고 싶은지 스스로 정할 수 있도록 이 책이 도와줄 거야.

변화를 받아들이고 잘 대처하기

삶은 계속 변해. 네가 살아가는 세계도 변하고 너 자신도 변해. 네 몸 안에서도 뇌, 심장, 폐, 근육이 전기 신호를 끊임없이 주고받으며 계속해서 변하고 있어. 역도를 할 때 역기를 계속 든다고 상상하면 근육이 더 강해지고, 역기를 내려놓는다고 상상하면 반대가 돼. 네가 앞으로의 삶을 살아가는 일도 마찬가지야. 너의 뇌는 계속 변하며 뉴런 사이의 새로운 연결고리를 만들어 내겠지. 변화를 받아들이면 더 강해질 수 있다는 걸 기억해.

유연해지기

변화를 받아들이고 잘 대처하는 데에는 유연함이 꼭 필요해. 유연하다는 건 좋은 가치와 활력을 주는 일을 계속하고, 가치가 없다고 판단하면 방향을 바꾸는 거야. 만약 네가 누군가와 사귀는데 매일 싸운다고 쳐 봐. 관계를 유지하고 싶어서 어떻게든 문제를 해결하려고 노력하겠지. 하지만 아무리 애를 써도 싸움이 멈추지 않으면 어떻게 해야 할까? 그래도 계속해서 대화를 시도해야 할까, 아니면 방향을 바꾸어서 다른 무언가를 시도해야 할까? 유연하다는 건, 더 이상 가치가 없다고 판단할 때는 힘들더라도 그 관계를 끊을 수 있다는 뜻이야. 너의 삶을 네 방식대로 너답게 살려면 가치 있는 일이 무엇인지 판단하고 때로는 방향을 바꿀 수도 있어야 해.

> 이 책에서 가르치는 '유연성'은 마음 챙김과 받아들임, 긍정 심리학에 기초한 개념입니다. 이 책에 나온 내용이 여러분의 생각하고 느끼고 행동하는 능력을 최적화하여, 삶에서 중요하게 여기는 일에 집중하고 원하는 것을 얻을 수 있도록 도와줄 것입니다.

나의 삶을 나답게 일궈 나가기 위한 특별한 기술 익히기

내 마음이
이끄는 대로
따라가기

앞으로 무엇을 하고 싶니? 네 삶이 어떻게 흘러갔으면 좋겠니? 우주에서 점만큼 작아진 파란 지구를 볼 수 있는 우주 비행사, 200개의 방이 있는 큰 집에 사는 연예인, 위대한 지도자, 발명가, 탐험가?
어떤 것이든 꿈은 네 삶을 너답게 이끄는 토대가 될 거야. 그런데 아무것도 하지 않으면 어느샌가 꿈이 사라질 수도 있어. 우리는 꿈이 계속 살아 있도록 노력해야 해.

▦ 어릴 적 꿈을 잃어버린 어른들은 '좀비랜드'에서 살아. 그곳은 무미건조하고 아무런 새로운 일도 일어나지 않아. 그곳의 사람들은 그저 해야 할 일을 반복하기만 해. 휴가 기간에는 잠깐이나마 좀비랜드에서 벗어나 신나고 희망에 가득 차기도 하지만, 보통은 늘 기운이 없고 피곤해. 그들도 어릴 때는 열정이 가득했어. 그때 들었던 노래를 들으면 슬퍼진다고 하는 사람도 있지. 그때는 자신이 좀비랜드에 갇힐 거라고 상상도 못했을 거야. 좀비랜드의 어른들은 그곳을 탈출할 수 있지만 막연한 두려움 때문에 그렇게 하지 않아. 알겠니? 네가 갈 곳은 거기가 아니야.

너는 '네버랜드'로 갈 수도 있어. 이름이 좀 유치하지만 좀비랜드보다 좋은 곳이야. 부자나 유명한 사람만 네버랜드로 가는 건 아니야. 네버랜드에 사는 사람들은 자신이 좋아하는 걸 추구해. 책을 읽거나 글을 쓰고, 산을 오르거나 공원을 걸어. 새로운 것을 발명하거나 만들 수도 있

지. 무엇을 하든 이들에게는 비밀이 있어. 바로 자신만의 방식대로 자신과 잘 맞는 삶을 산다는 거야. 네버랜드의 사람들은 힘과 용기와 유연함을 갖추고 꿈을 위해 행동할 줄 알며, 가치 없는 일은 멈출 줄 알아. 다시 말해 그들은 꿈꾸는 일의 위대함에 대해 알고 있어.

　지금 너는 네버랜드의 꿈과 좀비랜드의 악몽 사이에 서 있어. 누구나 좀비랜드로 갈 수 있어. 가장 중요한 것을 보지 못하는 '몽유병자'가 되지 마. 이제부터 자신이 좀비랜드로 가고 있다는 걸 알아채는 방법과 네버랜드로 가는 험난한 여정을 버티는 방법을 알려 줄게. 너도 네버랜드의 일원이 되어 열정이 넘치는 멋진 사람이 될 수 있어. 너는 지구를 구할 수도 있고, 정책을 바꿀 수도, 아름다운 것을 만들어 낼 수도 있어. 위대한 운동선수나 음악가가 될 수도 있고, 다른 사람을 웃게 하거나 세계 최고의 목수가 될 수도 있어. 너만의 방식으로 너다운 삶을 사는 거야!

진정으로 원하는 것을 찾기

'나다운' 게 뭘까? 각자 자신만의 길을 통하여 네버랜드에 도달해. 하지만 좀비랜드로 가는 길은 똑같아. 너무 두려워서 꿈을 꾸지 못하고 아무것도 하지 않는 상태에 빠져드는 거야. 다른 사람을 불쾌하게 하지 않고, 죄책감과 두려움을 느끼지 않고, 창피함이나 실망도 감수하지 않아.

하지만 두렵다고 아무것도 하지 않으면 활기 넘치는 생생한 삶을 살 수 없어. 그 상태에서 벗어나 나다운 길을 찾으려면 이렇게 말해야 해.

"난 소중한 걸 찾았어. 내 마음과 내 영혼을 거기에 담을 거라고!"

문을 열고 첫발을 내딛기

아래 질문에 답을 해 보자. 지금 당장 답을 하지 못하더라도 괜찮아. 책을 읽으면서 차근차근 답을 찾을 수 있을 테니까.

1. 두렵거나 의심하지 않고 무언가를 할 수 있다면 어떤 일을 할래?
2. 멋진 삶으로 가기 위해서는 무엇이 필요할까?
    - 일이나 공부
    - 좋은 인간관계
    - 새로운 기회
3. 오늘 하루를 잘 보냈다고 여기려면 무슨 일을 마쳐야 할까?

나만의 소중한 가치를 찾기 위해 해야 할 일들

아래는 네게 소중한 것이 무엇인지 찾도록 도와주는 일들이야. 책을 읽다가 언제든 돌아와서 다시 읽어도 좋아. 너다운 삶으로 향하는 길잡이가 되어 줄 거야.

1. 다른 사람에게 좋은 일을 하며 긍정적인 영향을 끼치기

잘 안 믿길지 모르지만, 우리는 다른 사람에게 좋은 일을 할 때 행복해. 정말로 그래. 누군가에게 감사의 마음을 전하거나, 다른 사람을 칭찬하거나, 다른 사람의 문제를 해결하기 위해 도왔던 경험이 있는지 떠올려 보자. 꼭 거창한 일이 아니어도 돼. 단지 다른 사람의 말을 귀 기울여 듣거나 받아들이는 일, 동물과 환경을 돌보는 일도 일종의 선행이야. 다른 사람에게 할 수 있는 좋은 일에는 또 어떤 게 있을까?

2. 몸을 적극적으로 움직이기

달리기, 농구, 춤 등 역동적인 활동이나 스포츠도 좋고, 걷기나 스트레칭같이 좀 더 일상적인 활동도 좋아. 몸을 움직여서 즐거웠거나 뿌듯했던 경험을 떠올려 봐. 몸을 움직이는 방법으로 또 어떤 게 있을까?

3. 매 순간을 더 깊게 받아들이기

촉각, 미각, 시각, 청각, 후각 등 우리가 가진 다섯 감각에 더욱 주의를 기울이면 어떤 변화가 생길까? 매 순간을 깊게 받아들인다는 건 꽃향기를 깊게 들이마시거나 음악을 들으며 감동하고 맛있는 음식을 더 맛있게 먹는 거야. 사람들에게 더 신경을 쓰는 일일 수도 있어. 열린 마음과 호기심으로 관심 있는 대상을 찾는 일일 수도 있지. 매 순간을 더 깊게 받아들이기 위한 새로운 방법에는 무엇이 있을까?

---

4. 도전하고 배우기

스스로의 한계에 도전하거나 새로운 것을 배우는 경험을 한 적이 있니? 재미있고 뜻깊으면서 도전하고 배우는 일에는 어떤 게 있을까?

---

5. 자기 자신을 돌보기

'자기 돌봄'은 내 몸과 마음의 활동이 잘 이루어지도록 돕는 모든 일을 말해. 학교에서 열심히 공부한 뒤에 재미있는 걸 하면서 쉰다든지, 힘든 일을 겪는 동안 자기 자신을 다독인다든지, 잘 먹고 잘 자는 일이 모두 자기 자신을 돌보는 일에 속해. 사람들은 종종 자기 자신을 돌보는 일을 마지막으로 미루곤 해. 하지만 자기 돌봄은 충분한 시간을 들여서 해야 하는 아주 중요한 일이야. 자기 자신을 돌볼 줄 알아야 무슨 일이든 할 수 있어. 자신을 돌보는 일에 또 어떤 게 있을까?

_____

_____

6. 다른 사람과 잘 지내기

가족, 친구, 이웃 등 다른 사람과의 소중한 시간을 어떻게 보낼지 생각해 보자. 또, 다른 사람과 잘 지내는 방법에는 무엇이 있을까?

_____

_____

나의 삶을 나답게 이끄는 비결

꿈을 이루기 위해서는 내가 원하는 삶이 무엇인지 찾고, 그 삶으로 이끄는 나만의 길이 무엇인지 알아야 해. 바로 지금, 나한테 소중한 것이 무엇인지 생각하고 그것을 선택하자. 지금과 다른 변화도 받아들이겠다고 마음을 먹고, 매 순간을 내가 원하는 대로 이끌어 나가기 위해서 노력하자.

내 삶은
내가
주도하는 것

삶이라는 이야기 속에서 우리는 여러 등장인물이 될 수 있어. 강하든, 약하든, 용감하든, 바보 같든, 진지하든, 외향적이든, 수줍든, 친절하든, 비열하든 원하는 대로 행동할 수 있지. 그러니까 무슨 말이냐면, 우리가 어떻게 행동하고 어떤 관점으로 세상을 바라볼지를 우리 자신이 선택할 수 있다는 거야. 이게 바로 우리가 가진 위대한 힘이자, 유연성을 키우는 열쇠야. 유연성을 기르면 우리에게 주어진 어떤 어려움도 감당하고, 삶의 여정을 지속할 수 있어.

왜 꼼짝 못 하는 상황에 갇히게 될까?

▦ 꼼짝 못 하는 상황이란 이런 거야. 친구를 사귀고 싶지만, 다른 사람이 자신을 평가하는 일이 두려운 아이가 있다고 쳐 보자. 그 아이는 '친구들이 날 싫어하면 어쩌지? 날 바보로 여기면?' 이런 생각에 불안감을 해소하려고 도서관에 혼자 틀어박혀서 안전하다고 느껴. 다음 날에도 또 그렇게 하고 다른 일은 시도하지 않아. 하지만 이렇게 매일 똑같이 반복하면 자신의 삶을 더 나쁘게 만들 뿐이야. 바로 꼼짝 못 하는 상황에 빠진 거지.

또 다른 아이가 있어. 이 아이는 수학을 잘하고 싶지만 수학 시험 때문에 불안해서 공부를 미루기만 해. 이렇게 하면 당장은 불안하지 않겠지만 다음 날에는 더 많이 불안할 거야. 계속 미루면 당연히 수학을 잘할 수 없을 테니까.

다음은 돌고 돌면서 꼼짝 못 하는 상황의 다른 예시야. 이런 상황에 빠진 적이 있니? 어떻게 하면 이 상태에서 벗어날 수 있을까?

완벽해 보이려고
많은 에너지를 사용해.

↓

그런데 여전히 나는
완벽하지 않은 것 같아.

기분 전환을 하려고
게임을 계속해.

↓

게임을 하고 나면
기분이 더 나빠져.

충분히 자신 있다고
느낄 때까지 기다려.

↓

충분히 자신 있다고
느끼지 못해서 결국
아무것도 시도하지 않아.

시험에 대한 두려움을
피하려고 공부를 미뤄.

↓

시험 걱정만
더 많이 하게 돼.

나를 존중해 달라고
사람들과 싸워.

↓

싸우면서 나에게
상처를 받은 사람들은
나를 존중하지 않아.

관점을 바꿔서 꼼짝 못 하는 상태에서 벗어나기

10대들이 가장 많이 하는 고민을 모아 보았어. 네게도 해당하는 고민이 있는지 살펴보고 하나를 골라 봐.

마음의 문제
무엇을 해야 할지에 대한 갈등
과거의 결정에 대한 후회

외모
자신의 외모가 충분히 멋지지 않다는 생각

시간의 압박
할 일이 너무 많아서 부담감을 느끼거나 즐길 시간이 충분하지 않은 경우

학교에서의 문제
학교생활이 만족스럽지 않고 선생님이나 선배로 인하여 힘든 경우

가족으로 인한 문제
가족 구성원과의 갈등

미래에 대한 걱정
무슨 일이 일어날지 너무 많이 생각하고 두려워하는 경우

인간관계에서의 문제
친구 또는 연인 관계에서 겪는 어려움

이제 따로 시간을 내서 이에 대한 글을 써 봐. 글쓰기는 우리가 성장할 수 있도록 도와주는 좋은 도구야. 글을 쓰면서 새로운 관점으로 상황을 바라볼 수 있어.

앞에서 네가 고른 고민에 대한 구체적인 경험을 떠올려 봐. 그때 어떤 감정을 느꼈고 무슨 생각을 했었니? 이 문제가 어떻게 해결되기를 바라는지, 결과가 어떻게 되기를 원하는지도 써 봐.

◉ 나의 고민과 문제

◉ 이에 대한 나의 감정

◉ 이에 대한 나의 생각

◉ 내가 바라는 이상적인 결과

살면서 항상 네가 바라는 결과를 정확하게 얻을 수는 없어. 다른 사람이 너에게 친절하기를 바라고 그들을 친절하게 대해도, 그들이 반드시 네 친절에 보답할 거라고 장담할 순 없어. 네가 스스로 통제할 수 있는 단 한 가지는 바로 너 자신의 행동이야. 네 주변의 세상이 어떻게 돌아가든 네가 소중하게 여기는 것을 계속하겠다고 너 스스로 결정할 수 있어. 네가 원하는 결과를 얻는 가장 좋은 방법은 네가 소중히 여기는 가치에 맞게 행동하는 거야.

설사 원하는 결과를 얻지 못하더라도 문제를 해결하기 위해 도전해 나가는 과정에서 소중한 가치를 추구할 수 있어. 강인함, 친절, 명예, 재미, 용기, 끈기, 도전, 변화, 그리고 바로 지금 이 순간의 소중함 등 네가 얻기를 원하는 가치는 무엇이니?

◯ 지금의 어려운 상황을 이겨 내고 다음과 같은 사람이 되고 싶습니다.

◯ 내가 추구하는 가치는 이것입니다.

이제 네 안에 있는 서로 다른 관점의 세 사람을 만날 때가 되었어. 이들은 네가 겪고 있는 어려움이나 고민을 보는 관점이 저마다 달라. 이들을 통해 상황을 폭넓게 살펴보고, 각기 다른 도움을 받을 수 있을 거야.

알아차리는 사람과의 만남: 몸이 하는 말 듣기

▨ 알아차리는 사람은 보고 만지고 소리 듣고 맛보고 냄새 맡는 다섯 감각을 사용하여 나 자신과 주변을 관찰해.

누구나 알아차리는 사람의 능력을 가지고 태어나. 아기일 때부터 자신과 주변에서 무슨 일이 일어나는지 살피고, 배가 고프거나 추우면 소리를 질러서 표현하고, 죽을 때까지 이 능력을 사용해. 덕분에 우리는 자신이 안전한지 위험한지 알아차릴 수 있고, 사랑이나 두려움을 느낄 수 있어. 친구의 표정이 어떻게 달라지는지도 눈치챌 수 있지. 발가락 사이에 풀이 닿는 걸 느끼거나 나뭇잎이 바람에 흩날리는 소리를 듣고 울타리 위의 고양이를 볼 수 있는 것도 우리 안에 알아차리는 사람이 있기 때문이야.

알아차리는 사람은 우리 속에 항상 깨어 있지만, 우리는 가끔 그 사실을 잊을 때가 있어. 알아차리는 사람과 연결되기 위한 연습을 가볍게 한 번 해 보자.

> 알아차리는 사람과 만나는 첫 연습

1. 발에 신경을 집중하여 발가락을 움직여 보자. 발가락이 거기에 있다는 것을 느껴 보자.

2. 다섯 번 빠르게 호흡하고, 다섯 번 느리게 호흡해 보자.

3. 주변에 있는 흰색 물건을 세 가지 찾아보자.

내 안의 알아차리는 사람은 얼마나 능숙할까?

이제 네 안의 알아차리는 사람이 얼마나 능숙한지 알아볼게. 아래 질문에 체크해 보자.

도움이 되는 일
- ☐ 내 몸의 감각을 인지한다.
- ☐ 잠시 멈추거나 속도를 늦출 수 있다.
- ☐ 감정을 표현할 수 있다.
- ☐ 모든 감정(부정적인 감정을 포함하여)을 받아들인다.
- ☐ 다른 사람들의 기분을 알아차린다.
- ☐ 지금 이 순간 무슨 일이 일어나고 있는지 알아차린다.
- ☐ 강한 감정을 느낄 때 스스로 안정시킬 수 있다.

도움이 안 되는 일
- ☐ 몸 안에서 무슨 일이 일어나고 있는지 모른다.
- ☐ 과민한 반응을 보인다.
- ☐ 감정을 표현하기 위해 애쓴다.
- ☐ 부정적인 감정이 싫고 그 감정이 사라지면 좋겠다.
- ☐ 다른 사람들이 어떻게 느끼는지 전혀 모른다.
- ☐ 생각 속을 헤매고 주변이 어떻게 돌아가는지 알아차리지 못한다.
- ☐ 강한 감정을 느낄 때 스스로 상처를 주거나 도움이 되지 않는 행동을 한다.

도움이 되는 일에 여러 번 체크를 했다면 네 안의 알아차리는 사람은 꽤 능숙한 편일 거야.

알아차리는 사람의 능력은 일상생활에서 매우 중요해. 감정은 자동차 운전자가 봐야 하는 교통 신호와 같아. 혹시 머리끝까지 화가 치밀어 오를 때까지 알아차리지 못했던 적이 있지 않니? 화가 났다는 사실을 너무 늦게 알아차리는 바람에 마음은 엉망진창이 되고 잘못된 방법으로 화를 내서 수습까지 해야 했던 경험 말이야. 감정을 잘 알아차리고 반응하지 않으면 이런 일이 생겨.

알아차리는 사람이 능숙하다면 자기 자신이 화가 났다는 걸 스스로 금방 인지할 수 있어. 그러면 대부분은 선택의 여지가 생겨. 화풀이를 할 수도 있지만, 그 대신에 너를 화나게 한 사람과 대면하거나 그냥 무시하고 넘어갈 수도 있어.

가끔은 쉽게 알아차리기 힘든 감정 신호도 있어. 시험에 대한 불안 같은 것도 그래. 어쩌면 너는 시험을 잘 치고 싶은 마음이 너무 커서 신경을 많이 쓴 나머지 불안함에 공부를 미룬 걸 수도 있어. 그 느낌을 잘 알아차리지 못하면 그저 시험 공부를 하고 싶지 않다고 생각할지도 몰라. 자신이 불안하다는 사실을 예리하게 알아차리면 불안한 마음을 진정시키고 공부를 시작하겠다고 선택할 수 있어. 중요한 건 알아차려야 너 스스로 선택할 수 있다는 거야.

알아차리는 사람을 훈련시키기

알아차리는 사람이 능숙해지면 네가 경험하고 느낀 바를 인지하고 이해하는 법을 배울 수 있어. 감정이 너를 압도할 수는 없다는 사실도 알게 돼. 느낌과 감정을 알아차리는 일은 아기들도 할 수 있지만, 생각이 너무 많거나 민감한 사람에게는 오히려 어려운 일일 수 있어.

감정은 휴대 전화의 문자 메시지나 소셜 미디어의 댓글과 같아. 마음에 들지 않는 메시지를 받았다고 해서 전화기를 벽에 던져서 망가뜨리거나 전화번호를 바꾸지는 않아. 불쾌한 메시지를 받았다고 해서 전화기를 탓하지는 않지.

마찬가지로 불쾌한 감정을 느낀다고 '내가 왜 이러지? 왜 내가 그렇게 느끼는 거지?' 하고 자신을 비난하는 건 옳지 않아.

알아차리는 사람을 능숙하게 만들려면 다음 두 가지를 기억하자.

1. 받아들이기: 모든 감정은 정상이다

받아들이기 어려운 감정은 자연스럽게 자주 생겨. 신경을 많이 쓸수록 오히려 더 많이 생기지. 성공하고 싶을 때 실패에 대한 두려움이 커지는 것처럼 말이야. 어려운 감정을 받아들이기 위해서는 마음의 여유가 필요해. 메시지가 전화기를 망가뜨리지 않는 것처럼 감정이 우리를 망가뜨리지는 않는다는 걸 기억해.

2. 행동하기: 3단계 알아차리기 연습
- 천천히 길게 여러 번 숨을 들이마시고 내쉬기
- 호흡을 느끼면서 몸 안에 무엇이 있는지, 내가 무엇을 느끼는지 살펴보기(어깨의 긴장, 배 속의 꿀렁거림, 어지러움, 화끈한 느낌 등)
- 어떤 감정을 느끼는지 자기 자신에게 말하고, 감정에 이름을 붙여 보기(슬픔, 분노, 불안, 긴장, 경직, 즐거움, 평온함, 죄책감, 부끄러움 등)

> 알아차리는 사람을 훈련하는 연습

딱 '이런 거야.'라고 설명하지는 못해도, 사실 우리는 일상생활에서 매일 알아차리는 사람과 만나고 있어. 아래는 그런 만남을 더 쉽게 만들어 주는 재미있는 활동들이야.

- ☐ 사진 찍기
- ☐ 다른 사람들을 관찰하기
- ☐ 춤, 스포츠 등 여러 종류의 움직임을 경험하기
- ☐ 자연 속에 있기
- ☐ 다양한 음식을 맛보기
- ☐ 요리하기
- ☐ 영화 보기
- ☐ 여행하기
- ☐ 느긋하게 일상을 즐기기

위 목록에서 가장 좋아하는 것을 세 가지 골라서 써 봐. 목록에 없지만 좋아하는 것도 추가해 보자.

어려운 상황에서 알아차리는 사람과 만나기

24~25쪽에서 네가 고른 그 어려움을 마주했다고 상상해 봐.

1. 알아차리기

그때 느껴지는 힘든 감정을 받아들일 수 있을까?
- (NO) → 걱정하지 마. 이제부터 그 방법을 조금씩 배워 가면 되니까.
- (YES) → 계속해서 알아차리는 사람과 더 자주 만나자.

2. 행동하기

화나 짜증이 나거나 나쁜 일을 하고 있다고 느낄 때는 이렇게 해 보자.
- 호흡을 느끼면서 천천히 숨을 쉰다.
- 서두를 필요 없이 몸에 집중하여 어떤 감각이 느껴지는지 살펴본다.
- 어떤 감정이 드는지 나 자신에게 말한다.
- 지금 주변에서 일어나고 있는 일에 주목한다. 소리를 주의 깊게 듣고 각각 이름을 붙여 본다.

알아차리는 사람과 만나면, 내 몸에서 무슨 일이 일어나고 있는지 감지하고 감정이 어떻게 변화하는지 살필 수 있어. 알아차리는 사람이 능숙해지면 나 자신이나 다른 사람의 감정 때문에 스스로를 몰아세울 필요가 없다는 것을 알게 될 거야. 자신의 감정을 잘 살펴 의식적으로 반응하는 법을 배울 수 있어.

조언하는 사람과의 만남:
내 안의 목소리를 활용하기

▦ 조언하는 사람의 역할은 무엇이 좋고 나쁜지, 무엇을 해야 하는지, 문제를 어떻게 해결해야 하는지 알려 주는 거야. 조언하는 사람은 '내 안의 목소리'와 같아. 어깨에 앉아 귀에 대고 이렇게 속삭이지. "계속 노력하면 잘할 수 있을 거야.", "너무 피곤해서 더는 공부할 수 없어.", "감정을 숨겨.", "할 수 있어.", "그 사람을 믿지 마."

부모님, 선생님, 친구들 심지어 인공 지능 로봇까지 우리에게 이런저런 조언을 해. 하지만 정말 중요한 조언을 얻으려면 네 안의 목소리를 잘 들어야 해. 조언하는 사람은 너를 둘러싼 모든 정보를 취하여 조언하는 목소리로 바꿔.

마음속 목소리에 귀를 기울이는 건 인간이 가진 가장 놀라운 능력이야. 네가 무럭무럭 자랄 때 네 안의 조언하는 사람도 함께 자라고 있어. 그가 더 많이 성장할수록, 우리는 그로부터 더 많은 도움을 받을 수 있지.

조언하는 사람과 만나는 첫 연습

코알라가 눈앞에 있다고 상상하고 처음 떠오른 생각을 두 가지 말해 봐. 그 생각이 조언하는 사람의 목소리야. 아마 단 몇 초 사이에 이런 질문을 던질 거야. 그러고 나서 눈앞의 이것이 무엇이고 어떤 상황이며 무엇을 해야 하는지를 말하겠지.

- 저 털북숭이는 뭐지?
- 왜 여기 있지?
- 어떻게 들어왔지?
- 어떻게 해야 할까?
- 잡아야 하나?
- 위험한 동물인가?
- 이 일이 진짜인가?
- 누가 장난치는 걸까?

어려운 수학 문제나 친구와의 싸움 등 일상생활에서 생길 수 있는 무수히 많은 일에 대해서도 마찬가지야. 조언하는 사람은 이런 말들을 해. "당장 침대에서 일어나서 공부해.", "그냥 침대에 누워 있어. 공부는 중요하지 않아.", "말을 너무 많이 하지 마. 사람들이 널 싫어할지도 몰라.", "친구에게 그런 말 하지 마. 그 아이가 화를 낼 거야."

그런데 이런 말들이 늘 도움이 되지는 않아. 조언하는 사람의 말이 마음에 들지 않는다고 화를 내거나 그 말을 늘 따를 필요는 없어. 우리가 해야 할 일은 언제 조언하는 사람의 말을 따를지, 언제 따르지 않을지를 구별하는 거야.

내 안의 조언하는 사람은 얼마나 능숙할까?

자신을 비판하고 과도하게 걱정하거나 낮에 있었던 일이 자꾸 생각나서 잠을 설친 적이 있지 않니? 이런 일이 생기는 건 조언하는 사람이 멋대로 굴어서야.

도움이 되는 일
- ☐ 문제를 해결하려고 노력한다.
- ☐ 실수로부터 배우려고 한다.
- ☐ 내 생각이 나에게 도움이 되지 않을 때 알아차릴 수 있다.
- ☐ "나는 가치 있는 사람이야.", "계속 시도해."와 같은 말들을 한다.

도움이 안 되는 일
- ☐ 걱정만 너무 많이 한다.
- ☐ 지난 일에 대한 생각을 멈출 수가 없다.
- ☐ 자신에 대한 비판을 많이 한다.
- ☐ 중요하지 않은 것을 생각하느라 시간을 허비한다.
- ☐ "나는 쓸모가 없다.", "희망이 없다."와 같은 말들을 한다.

과거에 있었던 나쁜 일에 대해 생각하거나 걱정을 멈출 수 없다면 조언하는 사람의 이야기에 갇혀 있는 거야. 가끔은 조언하는 사람의 이야기를 지나치게 듣고 있다는 사실을 알아차려야 해. 이게 바로 앞에서 나온 '꼼짝 못 하는 상황'에서 벗어나기 위한 첫걸음이야.

조언하는 사람을 훈련시키기

1. 받아들이기

부정적인 목소리가 들려올 때는 단지 조언하는 사람이 자기 역할을 하고 있구나 하고 생각해. 조언하는 사람의 역할은 네가 계속 행복한 생각을 하도록 하는 게 아니라 너를 안전하게 지키는 거야. 조언하는 사람은 위험 탐지기와 같아. 조언하는 사람이 긍정적인 생각만 한다면 잘못된 것을 고칠 수 없어.

　이미 지난 일은 지울 수 없다는 사실도 받아들여야 해. 우리는 기억을 지울 수 없고 지워서도 안 돼. 나쁜 기억은 조언하는 사람을 통해 우리를 보호해. 친구가 네게 나쁜 일을 했는데 그 기억을 그냥 지워 버리면 나중에 제대로 대처할 수 없어.

> **잠깐, 해 보기**
>
> 20초 뒤에 알람이 울리도록 맞춰 두고 잠시 아무 일도 하지 말아 보자. 어떤 생각이 떠오르든 그 생각을 따라 숨을 쉬고 내쉬는 일에만 집중해 봐.
> 어땠니? 조언하는 사람이 판단을 내리거나 평가하는 소리를 들었니? 여러 생각들 사이를 헤매지는 않았니? 우리 마음이 헤매는 것은 늘 문제를 찾는 조언하는 사람을 속에 품고 있기 때문이야. 그 목소리 자체를 없앨 수는 없어.

2. 행동하기

하지만 문제가 생겼을 때 조언하는 사람의 말을 꼭 따르지 않아도 된다는 사실도 기억해. 그 말이 도움이 되면 따르고, 그렇지 않으면 따르지 않아도 괜찮아. 우리는 우리 삶을 책임지는 사람으로서 스스로 판단할 줄 알아야 해. 사람들의 말이 전부 옳거나 유용하지 않은 것처럼 조언하는 사람의 말은 무조건 좋지도 나쁘지도 않아. 네가 그 말에 귀를 충분히 기울인 다음, 그걸 어떻게 사용하느냐, 어떻게 행동하느냐에 달려 있어.

조언하는 사람은 너를 향한 메시지를 모아서 한 권의 책을 만들어. 거기에는 수학을 못한다거나 인기가 없다거나 실력이 부족하다거나 하는 부정적인 내용도 담겨 있어. 하지만 네가 원할 때는 언제든 새 메시지를 만들고 그에 따라 행동할 수 있어. 그게 바로 네 안의 조언하는 사람을 잘 활용하는 거야. 불안할 때는 스스로에게 '넌 할 수 있어.', '지금은 힘들지만 결국에는 잘 해낼 거야.'라고 말할 수 있어. 조언하는 사람은 우리 자신이 아니야.

조언하는 사람을 능숙하게 활용하는 가장 간단한 방법은 알아차리는 사람이나 발견하는 사람의 시각으로 관점을 바꾸는 거야.(발견하는 사람은 조금 뒤에 나와.) 알아차리는 사람이 되어서 주위에 무슨 일이 일어나는지 살피고, 발견하는 사람이 되어서 즐거운 일을 찾아낼 수 있어. 마음속에서 끊임없이 들려오는 목소리 때문에 꼼짝 못 할 때는 알아차리는 사람이 되어 주변과 자신을 연결하거나, 발견하는 사람이 되어 자신을 돕는 행동을 시도해 보자.

조언하는 사람을 훈련하는 연습

조언하는 사람은 새롭거나 멋지지 않아. 하지만 문제를 해결하기 위해 자신을 제어하며 스스로에게 말하는 방법을 알고 있어. 아래는 조언하는 사람이 더 능숙해지도록 돕는 일들이야.

- ☐ 정돈된 생활을 한다.
- ☐ 나의 의견을 주장한다.
- ☐ 상황을 파악한다.
- ☐ 설명서에 따라 멋진 것들을 만든다.
- ☐ 문제를 푼다.
- ☐ 탐정처럼 수사한다.
- ☐ 친구들과 토론하며 생각을 교환한다.
- ☐ 문제를 예측하고 피할 방법을 찾는다.

네게 가장 잘 맞는 활동을 세 가지 고르고, 목록에 없는 활동도 추가해 보자.

> 어려운 상황에서 조언하는 사람과 만나기

24~25쪽에서 선택한 그 어려움과 마주하고 있다고 상상해 봐. 어려운 상황에서 부정적인 생각만 떠오른다면 그 생각을 직접 써 보자. 나쁜 생각이라고 여기고 걸러 내지 말고 그냥 한번 써 보자.

감당하기 어려운 생각이 떠오르면 무엇을 할 수 있을까? 그 생각이 나를 마구 몰아세우도록 그냥 두어야 할까? 그 생각에 휘둘리지 않을 수는 없을까? 조언하는 사람의 목소리가 늘 옳지는 않아. 그 목소리가 나를 실망시킬 때에 어떻게 해야 할까?

발견하는 사람과의 만남: 실행하고, 시험하고, 경험을 쌓기

▦ 발견하는 사람은 현실에서 행동하는 일을 해. 탐색하고, 시도하고, 시행착오를 겪으면서 가장 좋은 길을 찾아내지. 실수하고 다시 시도하는 모든 행동이 그의 일이야. 우리 안의 발견하는 사람이 능숙하다면 우린 자립심을 기를 수 있어. 그와 함께라면 행동하는 법을 배우고, 우리 삶을 더 좋은 방향으로 이끌며, 사람들과의 관계를 잘 일궈 나가고, 네가 가진 역량을 더 잘 발휘하게 될 거야.

걸음마를 배우는 과정을 떠올려 보자. 아기는 걸음마를 배우기 위해 일어서고 넘어지고 다시 일어서기를 반복해. 걸을 수 있을 때까지 계속 노력하는 거야. 우리 모두 그렇게 걷는 법을 배웠어. 자전거를 타거나, 책을 읽거나, 수학 문제를 풀거나, 손톱을 깎는 일도 모두 발견하는 사람을 통해 배운 거야.

우리 안의 발견하는 사람이 처음부터 능숙하지는 않아. 때때로 아무 생각 없이 행동하거나 결과가 나쁜데도 같은 행동을 반복하기도 하거든.

발견하는 사람과 만나는 첫 연습

1. 이제껏 해 본 적이 없는 행동을 시도해 봐. 오른손잡이라면 왼손으로 밥을 먹거나 제자리에서 빙글빙글 도는 그런 간단한 행동 말이야. 바보가 된 것 같은 기분이 들어도 괜찮아. 발견하는 사람과 만날 때면 자주 있는 일이야. 그냥 새로운 시도를 한번 해 보는 거야.

2. 다른 사람에게 한 번도 해 본 적이 없는 행동을 해 봐. 그 사람에게 도움이 되는 좋은 행동이라면 더 좋겠지?

좋은 삶을 위해 발견하는 사람이 하는 일

17~19쪽에서 소중한 가치를 찾기 위해 해야 할 일들을 이야기했어. 이를 실천하기 위해 발견하는 사람은 아래와 같은 행동을 할 거야. 이 목록 가운데 해 보고 싶은 일을 골라 봐. 너만의 목록을 만들고, 이전까지 해 본 적이 없는 일도 한번 시도해 봐.

1. 다른 사람에게 좋은 일을 하며 긍정적인 영향을 끼치기
- 봉사 활동에 참여하거나 기부하기
- 환경을 가꾸는 일을 찾아서 하기
- 다른 사람을 격려하기
- 어려움에 처한 사람을 친절히 대하기
- 다른 사람을 돕거나 돌보기

2. 몸을 적극적으로 움직이기
- 산책하기
- 춤추기
- 운동하기
- 자전거 타기

3. 매 순간을 더 깊게 받아들이기
- 주변의 세상에 주의를 기울이기

- 모든 감각(시각, 청각, 미각, 후각, 촉각)을 통해 식사를 즐기기
- 친구나 사랑하는 사람과 이야기할 때 집중하기
- 삶을 더 좋게 만드는 작은 것들에 감사하기
- 동물들을 관찰하기
- 해돋이 등 자연 현상에 관심을 가지고 관찰하기

4. 도전하고 배우기
- 요리를 해 보기
- 악기를 배우기
- 맡은 일을 더 잘하기
- 힘들지만 재미있는 일을 찾아서 해 보기

5. 자기 자신을 돌보기
- 충분한 수면을 취하기
- 골고루 먹고, 정크 푸드를 많이 먹지 않기
- 독서나 스트레칭 등 마음이 편안해지는 활동을 하기

6. 다른 사람과 잘 지내기
- 친구에게 먼저 다정하게 말을 건네기
- 가족과 함께 시간을 보내기
- 다른 사람에게 좋은 말을 해 주기
- 작은 일도 칭찬하기

> 내 안의 발견하는 사람은 얼마나 능숙할까?

어린아이는 끊임없이 새로운 일을 시도해. 탐험하고 새로운 물건에 관심을 보이고 엄마 아빠를 따라 하기도 해. 그런데 시간이 지나면서 점차 새로운 시도를 하지 않는 경우가 많아. 어른들이 '내가 예전에 말이야. 그거 해 본 적이 있어서 잘 알아.'라고 하는 걸 들은 적이 있지? 이런 어른들은 실패를 감수하면서까지 새롭게 발견하는 사람을 만나려고 하지 않아. 그저 자신의 조언하는 사람이나 예전에 배운 것에만 의존하게 되었는지도 몰라. 하지만 찾고 발견하는 일을 멈추면 새로운 행동이나 기술을 배울 수 없어. 너는 어떠니? 아래에 체크해 보자.

도움이 되는 일
- ☐ 자신이 더 잘할 수 있는지 알기 위해 도전한다.
- ☐ 내 행동이 좋은 가치와 활력을 가져오는지 살핀다.
- ☐ 발전하기 위해서 위험을 감수하고 새로운 일을 한다.
- ☐ 내 행동이 어떤 결과로 이어질지 주의를 기울인다.

도움이 안 되는 일
- ☐ 위험을 감수하지 않고, 실력도 늘지 않는다.
- ☐ 충동적으로 행동해서 상황을 악화시킨다.
- ☐ 아무런 새로운 시도를 하지 않는다. 위기와 실수를 피한다.
- ☐ 내 행동이 어떤 결과를 가져올지 모른다.

발견하는 사람을 훈련시키기

1. 받아들이기
- 우리에게는 모두 나쁜 습관이 있어. 네가 하는 행동 가운데 어떤 것들은 너의 삶을 나쁘게 만든다는 사실을 인정하자.
- 새로운 것을 시도하는 일은 힘이 들고 고통스러울 수 있어.

2. 행동하기
- 매 순간을 100퍼센트 편안한 곳에서 지내려고 하지 마. 그 대신에 새롭게 행동하고, 새로운 사람들과 만나고, 자기 자신에게 도전하고, 다른 사람에게 베풀기를 시도해 보자.
- 새로운 일을 하고 나서 원하는 결과를 얻었는지 살펴보고, 만약 그렇지 않다면 다른 새로운 방법을 시도해야 해.

써 보기
발견하는 사람을 훈련하는 연습

- ☐ 새로운 것을 창조하기
- ☐ 탐험하기
- ☐ 발명하기
- ☐ 예술 작품을 만들기
- ☐ 디자인하기
- ☐ 새로운 것을 배우기
- ☐ 여행하기
- ☐ 새로운 활동을 시도하기
- ☐ 새로운 사람들을 만나기
- ☐ 생각만 하는 게 아니라 행동하여 문제를 해결하기

위 목록에서 가장 마음에 드는 것을 세 가지 골라서 써 보자. 목록에 없는 다른 활동도 추가해 보자.

어려운 상황에서 발견하는 사람과 만나기

다시 한번 24~25쪽에서 선택한 그 어려움과 마주하고 있다고 상상해 보자. 그 일을 어떻게 받아들이고 행동해야 할지 너의 생각을 써 봐.

1. 받아들이기

어려운 상황과 마주쳤을 때 어떤 행동을 하는지 생각해 보자. 네가 하는 어떤 행동은 별로 도움이 되지 않고 효과적이지도 않다는 것을 받아들여야 해.

어려움과 마주쳤을 때 나는 대체로 이렇게 하는 편이다.

~~~~~~

2. 행동하기

평소에 잘 하지 않는 일을 두 가지 시도해 보자. 힌트를 줄게. 평소 하던 것과 반대되는 일을 하는 거야. 말다툼을 자주 하는 편이라면, 대꾸하기를 멈추고 상대의 말을 귀 기울여 듣기를 해 볼 수 있어. 어려운 상황을 그저 피하는 편이라면, 그 일을 감당할 수 있다고 믿고 해결 방법을 찾으려고 시도해 볼 수 있지.

    이제 다음에 대해 생각해 보자.

어려운 상황에서 나는 평소에 하지 않던 이런 일을 시도하고 싶다.

―――――――――――――――――――――――
―――――――――――――――――――――――
―――――――――――――――――――――――

　　새로운 행동을 시도할 때 조언하는 사람이 너를 겁먹게 하거나 낙담하게 할 수도 있어. 조언하는 사람은 낯설거나 예측할 수 없는 것들에 반대한다는 사실을 기억해. 조언하는 사람의 주요 임무는 일이 잘못되는 것을 막는 것이기 때문이야. 하지만 앞에서도 말했듯이 무조건 이 이야기를 들을 필요는 없어. 발견하는 사람은 우리에게 다른 이야기를 들려줘. 바로 좋은 결과를 만드는 효과적인 행동을 하라는 거야. 발견하는 사람이 능숙하다면 여러 시도를 하고 나서 무슨 일이 일어났는지 지켜본 다음, 그 행동이 너를 돕지 않았다면 그 일을 다시 안 하려고 할 거야.

나의 삶을 나답게 이끄는 비결

마음을 따라가기

우리 안에 알아차리는 사람, 조언하는 사람, 발견하는 사람이 있다는 걸 알게 되었어. 왜 이 셋에 대해 알아야 할까? 답은 간단해. 이 셋이 힘을 합해야 너의 미래를 재미와 모험, 사랑으로 가득하도록 만들 수 있기 때문이야.

변화를 받아들이고 잘 대처하기

변화로부터 도망치지 말고, 변화를 마주하여 기회로 삼아야 해. 우리는 우리 스스로를 변화시킬 수 있어. 변화는 우리를 망가뜨리거나 두려운 게 아니야. 알아차리는 사람, 조언하는 사람, 발견하는 사람이 힘을 합쳐 변화를 어떻게 받아들이고 대처하는지 차차 배워 보자.

유연해지기

자신을 변화시키는 연습을 하면 할수록 우리는 더 유연해질 수 있어. 그리고 유연해질수록 더 단단한 사람이 되어 내가 원하는 미래를 향해 나아갈 수 있어.

오른쪽 표의 가운데에는 네가 되고 싶은 사람, 네가 원하는 삶이 있어. 그게 바로 네가 추구하는 가치야.

어떤 어려운 상황을 마주쳤을 때 꼼짝 못 한다고 여겨지면 네가 소중히 여기는 가치를 추구하기 위해 어떻게 해야 할지 세 영역을 두루 살펴보고 도움을 받도록 하자.

받아들이기: 네가 주로 하는 행동이 효과가 없을 수도 있어. 너의 행동이 너를 돕거나 너에게 꼭 좋은 결과를 가져다주지는 않아.

받아들이기: 더 멋진 사람이 되려면 도전해야 해. 더 나은 결과를 바란다면 실패도 기꺼이 감수해야 하지.

행동하기: 네 안의 조언하는 사람이 할 수 없다고 말해도, 믿음을 가지고 할 수 있는 것처럼 행동해야 해.

행동하기: 새로운 것, 이전과 다른 것을 시도하고 그 시도가 효과가 있는지 확인하자.

받아들이기: 조언하는 사람은 끌 수 없는 위험 탐지기와 같아.

받아들이기: 조언하는 사람은 완벽하지 않아. 때때로 부정적인 이야기를 들려주지만, 모든 것을 알지는 못해.

행동하기: 조언하는 사람과 싸우지 말자. 또한 무조건 믿지도 말자.

행동하기: 문제를 해결하고 너를 도와줄 새 규칙을 만들자.

발견하는 사람의 영역   조언하는 사람의 영역

소중한 가치

내가 되고 싶은 사람,
내가 좋아하는 것,
내가 하고 싶은 것에 대하여
생각해 보자.

알아차리는 사람의 영역

받아들이기:
감당하기 어려운 감정은 당연히 생기는 것이므로 없앨 필요는 없어. 어떤 행동은 긍정적인 감정과 부정적인 감정을 모두 끌어낼 수도 있어.

행동하기:
- 천천히 숨을 쉬기.
- 몸에 의식을 집중하고, 감각을 알아차리기.
- 어떻게 느끼는지 스스로에게 말해 주기.
- 주위에 무슨 일이 일어나고 있는지 주목하기.

관점을 바꿔
나와 세상을
바라보기

앞에서 우리는 다양한 관점을 통해 세상을 보고 경험하는 법을 배웠어. 조언하는 사람의 관점으로 보면 해결해야 할 문제가 무엇인지 알 수 있고, 알아차리는 사람의 관점으로 보면 감각과 느낌으로 세상을 체험할 수 있으며, 발견하는 사람의 관점으로 보면 어떤 행동을 할 때 그다음에 무슨 일이 일어날지를 예측할 수 있지. 이번 장에서는 두 가지 관점을 더 소개하려고 해. 네가 가치 있는 존재라는 사실을 깨닫고, 네 안에서 다른 사람과 관계를 잘 맺을 수 있는 힘을 발견할 수 있을 거야.

▦ '자기 관점'은 앞에서 배운 세 사람의 관점으로 자기 자신을 들여다보는 것을 말해. 자기 관점을 통하여 지금의 모습을 바라보고, 과거의 모습을 떠올리며, 미래의 모습을 상상할 수 있어. 그러면서 자신의 많은 가능성을 발견하게 되지. 자기 관점은 매우 중요해. 나의 가능성을 의심하지 않고, 나다운 방식으로 자신의 삶을 꾸려 갈 수 있도록 돕는 열쇠이기 때문이야.

자기 관점과 달리 '사회적 관점'은 밖에서 나를 바라보는 시선이야. 다른 사람들이 바라보듯이 너 자신을 보는 거야. 자기 자신을 바라보는 관점에 다른 사람들을 포함하면 시야가 더 넓어져. 다른 사람이 어떻게 생각하고 느끼는지 이해하려고 노력하게 되지. 다른 사람들이 무엇을 하려는지 예측할 수도 있어.

사회적 관점은 친구를 사귀거나 위험한 일, 예를 들어 학교 폭력에 대처하기 위해 더욱 중요해. 자기 관점과 사회적 관점을 아우르며 세상과 만나야 건강한 삶을 꾸려 나갈 수 있어.

자기 관점의 힘

자기 자신이 절대 변하지 않을 거라고 생각하면 그 상태에 갇히게 돼. 지금 너 스스로 자기 자신을 나쁘다고 여길지도 모르지만, 너는 나쁜 사람이 아니고 변하지 않는 사람도 아니야.

자, 한번 생각해 보자. 아래 문장을 완성해 봐.

Q 당신은 누구입니까?
A 나는……

_____
_____
_____
_____

이제 네가 쓴 문장을 바라봐. 이 문장이 너에 대한 모든 것을 담고 있니? '너'라는 사람에 대해 모두 알려 주니?

이번에는 한 걸음 더 나아가 보자. '너'라는 사람을 나타내는 문장을 여럿 써 보는 거야. 좋은 내용과 나쁜 내용을 절반씩 적어 보자.

> **예시**
> 나는 훌륭해. 멋져. 강해. 좋은 사람이야. 사랑스러워. 영어를 잘해.
> 나는 너무 평범해. 약해. 부족해. 멍청해. 사랑스럽지 않아. 수학을 못해.

문장으로 그린 자화상

나는 _____	나는 _____
나는 _____	나는 _____
나는 _____	나는 _____
나는 _____	나는 _____
나는 _____	나는 _____
나는 _____	나는 _____
나는 _____	나는 _____
나는 _____	나는 _____
나는 _____	나는 _____

이제 다시 네가 쓴 문장들을 살펴봐. 너에 대한 모든 것을 담고 있니? '너'라는 사람에 대해 다 알려 주니? 네 마음에 쏙 드는 단 하나의 문장이 있니?

아마 대답은 '아니다.'일 거야. '나는'으로 시작하는 문장은 끝도 없이 만들 수 있어. 네 안의 조언하는 사람은 끝없이 너에 대해 판단하고 결정해. 하지만 조언하는 사람은 너의 일부이지, 너의 전체가 아니야. 도움이 되지 않으면 조언하는 사람의 말을 듣지 않기로 선택할 수 있어.

자기 자신을 들여다보는 자기 관점

1. '너'라는 사람이 네가 생각하는 그대로는 아니야.
너 자신에 대해 의심하거나 잘 못 해낼 것 같은 생각이 들더라도, 네 안의 조언하는 사람이 부정적인 생각을 들려주더라도 실제로는 달라. 얼마든지 잘할 수 있어. 자기 관점은 '너의 생각'과 '진짜 너' 사이에 거리가 있다는 사실을 알게 해 줘.

2. '너'라는 사람은 네가 느끼는 감정 그대로도 아니야.
나쁜 감정을 느끼더라도 그 감정에 휘둘리지 않을 수 있어. 네 안의 알아차리는 사람이 부정적인 감정을 느끼더라도 너는 감정을 잘 제어하여 재미있고 뜻깊은 일을 해낼 수 있어. 자기 관점은 '너의 감정'과 '진짜 너' 사이에도 거리가 있다는 사실을 알게 해 줘.

3. '너'라는 사람은 예전에 네가 했던 실수 때문에 멈추지 않아.
네 안의 발견하는 사람이 저지른 실수 때문에 후회하거나 창피할 수도 있지만, 그래도 너는 계속 앞으로 나아갈 수 있어. 실수에서 교훈을 얻고 다음에는 다른 시도를 할 수 있으니까. 너는 네가 저지른 실수가 아니야. 실수를 했기 때문에 너는 더 좋은 사람이 될 수 있어.

자기 자신을 들여다보는 자기 관점은 '너의 생각, 감정, 과거의 행동' 때문에 '너'라는 사람이 고정되어 있지 않다는 걸 알려 줘. 지금 네가 끔찍한 상황에 있고 절대 바뀌지 않을 것처럼 느껴지면 '자기 관점으로 보기'를 해 보자. 자기 자신과 거리를 두고서 주의를 기울이면, 네 주변 상황도 너 자신도 계속 변한다는 사실을 깨닫게 돼. 스스로에게 이렇게 말해 봐. '내가 예전에 생각하고 느꼈던 그 어떤 것도 나의 미래를 결정하지는 못한다.'고 말이야. 너는 얼마든지 앞으로의 삶을 바꾸고 성장할 수 있어. 네 삶은 네가 선택하는 거야.

사회적 관점의 힘

'여러분에게 가장 중요한 것은 무엇인가요?' 사람들에게 이렇게 질문하면 대부분은 친구나 사랑하는 사람을 떠올리고, '멋진 차를 갖거나 예뻐지는 것'이라고 말하는 경우는 의외로 드물다고 해. 차나 외모가 중요하더라도 '가장' 중요하지는 않다는 뜻이야.

우리 인간은 사회 속에서 다른 사람들과 함께 살아가. 우리가 옷을 입고 전기를 쓰고 치료를 받고 음식을 먹을 수 있는 건, 모두 다른 사람들 덕분이지. 우리는 혼자가 아니고 촘촘히 연결된 네트워크의 일부야. 그래서 사람들이 너를 받아들이면 기쁘고, 너를 거부하면 고통을 느끼는 거야.

다른 사람과 관계를 맺기 위해서는 사회적 관점이 필요해. 아래 질문에 차근차근 답해 봐. 사회적 관점이 어떤 건지 알 수 있을 거야.

네가 좋아하는 사람을 떠올려 봐. 그 사람은 어떤 일을 좋아하니?

그 사람이 자신이 좋아하는 일을 할 때 어떻게 느낄까? 그 사람이 된 것처럼 상상해 봐.

그 사람이 좋아하는 일을 할 때 그 사람의 조언하는 사람은 무슨 이야기를 할까? 네가 그 사람을 보고 있다는 사실을 안다면 그 이야기가 달라질까? 어떻게 달라질까?

사회적 관점을 사용하면 다른 사람의 관점에서 바라볼 수 있어. 다른 사람에게도 자신의 감정을 알아차리는 사람이 있고, 가끔은 실수를 하게 만드는 발견하는 사람이 있으며, 더 잘해야 한다고 일러 주는 조언하는 사람이 있다는 걸 알게 되지. 다른 사람에게도 소중히 여기는 사물이나 사람이 있다는 사실 또한 알게 돼.

사회적 관점은 네가 다른 사람에 대한 공감과 연민의 마음을 갖게 하고, 친구를 사귀고 관계 맺는 법을 배울 수 있게 도와줘.

나의 삶을 나답게 이끄는 비결

마음을 따라가기

네 마음이 이끄는 대로 삶을 일궈 나가려면 여러 관점으로 세상과 만나는 과정이 필요해. 알아차리는 사람, 조언하는 사람, 발견하는 사람과 만나는 법, 그리고 자기 관점과 사회적 관점으로 바라보는 법을 기억하자.

변화를 받아들이고 잘 대처하기

이제 너의 모든 생각과 행동, 그리고 감정이 계속 바뀐다는 사실을 알게 되었을 거야. 너는 항상 변화하고 성장하는 존재야.

유연해지기

- 자기 관점: 자기 관점으로 스스로를 바라보면 과거의 실수(발견하는 사람의 행동)나 생각(조언하는 사람의 이야기), 감정(알아차리는 사람의 신호)가 너 자신은 아니라는 사실을 알게 돼.
- 사회적 관점: 사회적 관점을 사용하면 다른 사람들에게도 똑같이 발견하는 사람, 조언하는 사람, 알아차리는 사람이 있다는 사실을 알게 돼. 사회적 관점 덕분에 서로에게 힘이 되는 관계를 만들고 스스로를 보호할 수 있어.

나의 삶을 나답게 일궈 나가기 위한 기술 적용하기

생각이나 걱정을
멈출 수 없을 때

네가 만약 이렇다면

생각을 멈출 수가 없다.
지난 일을 후회한다.
항상 사과한다.
지나치게 생각한다.

이런 걸 배울 거야

지나친 생각을 알아차리는 법
생각이 멈추지 않는 이유
문제를 해결하기 위해 여러 관점을 사용하는 법
걱정을 다루는 다섯 가지 방법

■ 조언하는 사람, 즉 우리 내면의 목소리는 이런 말을 해. "그 아이를 믿지 마. 네 험담을 했어.", "수학 숙제를 제시간에 끝내지 못하면 큰일이 생길 거야." 조언하는 사람은 항상 우리 곁에서 함께 걸으며 끊임없이 말을 걸고 우리를 안전하게 지키며 우리가 실수를 저지르지 않도록 노력하는 친구와 같아.

조언하는 사람은 우리 생명을 안전하게 지키기 위해 이런 말도 해. "열차 선로를 건너지 마. 위험해.", "그 음식을 먹지 마. 유통 기한이 지났어." 이처럼 많은 도움을 주고, 우리의 모든 것을 아는 믿음직한 내 편이라서 우리는 조언하는 사람이 무엇이든 도와줄 수 있다고 여기고 의지하게 돼. 그런데 정말 그럴까?

스트레스 받는 일이 생겼을 때 예를 들어, 같은 반 친구가 많은 사람 앞에서 너를 놀린다면 이런 생각이 들 거야. '왜 나에게 이러는 거지? 내가 뭘 어쨌다고? 다른 사람들에게도 이러나?' 당연하지. 하지만 네 안의 조언하는 사람이 이렇게 질문만 던지고 아무런 답을 주지 않으면 어떻게 해야 할까? 도대체 저 친구가 왜 나를 놀리는지 알 수 없다면 오후 내내 그 생각이 날지도 몰라. '왜 나지? 내가 뭘 어쨌다고? 나에게 무슨 문제가 있나?' 밤에 침대에 누워서도 이렇게 생각할 거야. '나도 똑같이 비꼬는 말을 해야 했어. 그렇게 하지 못하다니 나는 정말 바보 같아.' 다음 날 아침, 잠을 설쳐서 피곤한 상태로 자리에서 일어나서도 계속 이런 질문을 하게 돼. '왜 나지?'

이런 것을 '과도한 생각'이라고 해. 과도한 생각 때문에 괴롭다면 조언하는 사람에게만 의존하기를 멈추어야 해. 지나친 생각을 흘려보내고 앞으로 나아가야 해. 하지만 조언하는 사람을 놓아 준다는 건 안전한 방패를 치우는 일과 같아서 쉽지 않아. 또한 조언하는 사람을 놓아 준다고 해서 걱정이나 망상이 다 사라지는 것도 아니야.

우리가 해야 할 일은 조언하는 사람이 모든 해답을 갖고 있지 않다는 것을 받아들이고, 알아차리는 사람이나 발견하는 사람의 말에도 귀를 기울이는 거야.

과도한 생각에 갇힌 사람들

누구나 가끔은 골치 아픈 생각에 갇혀. 과도한 생각에 갇히면 현실이 아닌 세계에서 허우적거리게 돼.

◉ 오늘 오전에 친구들과 싸운 사람이 있어. 친구들이 따돌릴까 봐 걱정되고, 속이 메스꺼워서 뛰쳐나가고 싶은 기분이야. 무엇이 문제일까? 이 사람이 느끼는 감정 자체는 문제가 없어. 이 사람은 아직 오지 않은 미래에 갇혀 있을 뿐이야.

◉ 또 다른 사람은 2주 전에 일어났던 일을 생각하고 있어. 체육관 탈의실에서 친구들이 심한 장난을 쳤거든. 눈물이 고일 정도로 속이 상했어. 지금도 이런 생각을 해. '그때 주먹으로 한 대 치거나 욕이라도 했어야 해.' 이 사람의 기억이 잘못된 것은 아니야. 단지 과거의 세계에 갇혀 있을 뿐이지.

◉ 자신이 뚱뚱하고 못생겼다고 생각하는 사람도 있어. 자신을 깎아내리고, 있지도 않은 결점을 찾고 있지. 이건 과거도 미래도 아니야. 그냥 어디에도 없는 세계에 갇힌 거야.

우리도 가끔 이곳에서 배회하며 자신에게 상처를 줄 때가 있어. 자신을 평가하는 일이 나쁜 건 아니지만, 자신이 가치가 없다고 생각하는 건 큰 문제야.

◐ 어떤 사람은 선생님이 교실에서 나가라고 해서 화가 났어. 떠드는 아이들 옆에 앉아 있었던 것뿐인데 말이야. 선생님이 자기를 얼마나 싫어하는지, 또 선생님이 얼마나 불공평한지 계속 생각하고 있어.

다른 사람에 대하여 평가한다고 나쁜 사람이 되는 건 아니야. 하지만 '다른 사람이 불공평하다'는 생각에만 빠져 있는 건 문제야.

나의 과도한 생각

너도 이와 비슷하게 과도한 생각에 빠진 적이 있니? 어떤 생각에 갇혔니?

- 나는 과거에 있었던 이 일에 대해 계속 생각한다.

- 나는 미래에 생길 이런 일에 대해 계속 생각한다.

- 나는 자신에 대해 계속 이런 생각을 하고 걱정한다.

- 나는 다른 사람들에 대해 계속 이런 생각을 하고 걱정한다.

계속 생각하는 이유

어떤 생각을 멈추려고 했다가 실패한 적이 있니? 그렇다면 정상이야. 계속 생각하는 데에는 이유가 있어.

펜을 집어서 귀 뒤에 끼워 봐. 어떤 느낌이 드는지, 어떻게 보일지, 다른 사람들이 펜을 귀에 붙이고 앉아 있는 너를 어떻게 여길지 생각해 봐.

앞으로 3분 동안, 펜에 대해 생각하지 마. 펜에 대해 생각할 때마다 20점부터 1점씩 점수를 깎아. 창밖이나 허공을 봐도 돼. 펜에 대해 생각할 때마다 기록하고 3분 뒤에 점수를 합산해 봐.

어때? 3분이라는 짧은 시간 동안에도 생각을 통제하려면 무진 애를 써야 한다는 걸 알았을 거야. 우리는 우리 생각을 마음대로 통제할 수 없어! 3분 동안 펜에 대해 생각하지 않았다고? 그럴 수도 있겠지만 계속 그렇게 할 수는 없어. 너무 많은 에너지가 필요하거든.

우리는 생각을 멈출 수 없고, 조언하는 사람의 입을 그냥 다물게 할 수도 없어. 대신에 조언하는 사람을 훈련시킬 수는 있지.

> **해결할 수 있는 문제일 때**

어느 정도 해결이 가능한 문제일 때는 조언하는 사람의 말을 들어도 좋아. 해결할 수 있는 문제인지 잘 모르겠다면 아래 질문에 답을 해 봐.

'사랑을 찾지 못하면 어떡하지?'는 가상의 문제이고, '누군가가 나를 괴롭히고 있어.'는 현실의 문제야. 지금 겪고 있는 문제가 현실의 문제일까?

☐ 예 ☐ 아니요

그 문제가 곧 발생할까?

☐ 예 ☐ 아니요

그 문제를 어느 정도는 통제할 수 있을까?

☐ 예 ☐ 아니요

하나 이상에 '예'라고 답한 경우에는 어느 정도 해결이 가능한 문제야. 이때는 조언하는 사람이 문제를 해결하는 데에 도움을 줄 거야. 물론 알아차리는 사람과 발견하는 사람도 함께하면 더 좋지.

해결이 가능한 문제라고 판단했을 때, 그다음에는 어떻게 해야 하는지 알아보자.

문제를 해결하는 8단계

1. 무슨 문제인지 구체적으로 쓰기

'나는'으로 시작하는 문장을 써서 정확히 무엇이 문제인지 써 봐. '나는 제때에 시험 공부를 끝낼 수 없어.'는 구체적이고, '내 인생은 엉망이야.'는 애매모호해.

2. 알아차리는 사람, 조언하는 사람, 발견하는 사람과 함께하기

나는 이런 상황에서 이렇게 행동하곤 한다(발견하는 사람의 관점):

_____

나는 이런 상황에서 이렇게 생각하곤 한다(조언하는 사람의 관점):

_____

나는 이런 상황에서 이렇게 느끼곤 한다(알아차리는 사람의 관점):

_____

나는 이런 사람이 되고 싶다(원하는 결과가 아니라 어떤 사람이 되고 싶은지 쓰기)

_____

3. 알아차리는 사람의 말을 듣기

천천히 여러 번 심호흡을 하면서 가만히 자기 자신에게 집중해 보자.

4. 발견하는 사람의 말을 듣기

어떤 해결 방법을 시도해 볼 수 있을지 다양하게 떠올려 봐. 만약 조언하는 사람이 '그건 바보 짓이야.'라고 해도 포기하지 마.

5. 조언하는 사람의 말을 듣기

아래와 같은 표를 만들고 떠올린 각 해결책의 장점과 단점을 적어 봐.

가능한 해결책	장점	단점

6. 어떤 행동을 할지 선택하기

7. 그 행동이 어떤 결과를 얻을지 생각하기

이 행동을 하면서 힘든 생각과 감정을 감당하겠다. → 8단계로 이동

이 행동을 하면서 괴로움을 느끼고 싶지 않다. → 다시 6단계로 이동

8. 행동하기

만약 방해 요소가 생기면 어떻게 할지 조언하는 사람의 말을 듣고 써 봐.

이런 경우가 발생하면: ＿＿＿＿＿＿＿＿＿＿＿＿＿＿＿＿

이렇게 한다: ＿＿＿＿＿＿＿＿＿＿＿＿＿＿＿＿＿＿＿

> 해결할 수 없는 문제일 때

건강에 대한 두려움이나 아주 오래전에 있었던 후회스런 일, 부모님의 이혼 등은 해결할 수 없어. 그래도 조언하는 사람은 멈추지 않고 계속 걱정하고 말을 걸 거야. 그럴 때는 아래처럼 해 봐.

1. 걱정하는 시간을 가지기

하루에 30분씩 다른 일을 하지 않고 오직 걱정만 하는 시간을 따로 마련하는 거야. 네 안의 조언하는 사람에게 이렇게 말해 봐. "오늘 오후 7시에 만나서 걱정하자." 아마 조언하는 사람은 그 시간을 좋아할 거야. 걱정을 못 하면 안절부절못할 테니까. 최소 잠자기 3시간 전에 걱정하는 시간을 가져야 잠을 자는 데에 방해가 되지 않아. 매일 정해진 때와 장소를 정해서 걱정하는 시간을 가져 봐.

2. 걱정을 글로 쓰기

20분 동안 걱정에 대한 글을 써 봐. 문제를 해결하려 하지 말고 그냥 마음속에 떠오르는 대로 자유롭게 쓰는 거야. 이렇게 하면 걱정을 멈추게 할 수는 없어도 걱정에만 푹 빠지는 일은 막아 줄 거야.

3. 조언하는 사람에게 조언하기

친구가 고민하고 걱정한다면 이런 말을 들려주지 않을까? "괜찮아. 곧 지나갈 거야.", "버티면 잘 해결될 거야.", "과거를 바꿀 순 없지만, 지금 최선을 다 하면 돼." 이런 말을 자기 자신에게 들려주자. 이런다고 조언하는 사람이 걱정을 멈추지는 않겠지만, 조금은 효과가 있을 거야.

4. 지금 이 순간에 집중하기

언제든 할 수 있어. 심호흡을 하고 주위에 무엇이 있는지 살펴봐. 지금 여기에 있다는 느낌을 느껴 봐. 이제 무엇을 해야 할까? 자기 자신을 돌보거나 재미있는 일을 해야겠다는 생각이 들지 않니? 그렇게 하면 돼. 생각만 하지 말고 말이야.

5. 1장과 2장을 다시 보기

- 17~19쪽을 다시 보고 무엇을 할 수 있을지 생각해 보자.
- 2장의 '받아들이기'와 '행동하기'를 다시 보자. 가치 있다고 생각하는 일을 하면 걱정은 금방 힘을 잃을 거야.

나의 삶을 나답게 이끄는 비결

마음을 따라가기
걱정 때문에 행동하기를 멈추지는 마. 네 마음이 가치 있다고 생각하는 일을 따라가는 과정에서 걱정은 어느새 사라질 거야.

변화를 받아들이고 잘 대처하기
조언하는 사람이 늘 해답을 가지고 있지는 않아. 늘 우리를 보호하거나 책임질 수도 없어. 네 삶을 책임지는 사람은 바로 너야. 조언하는 사람의 말이 유용한지 판단하고, 유용하지 않을 때는 듣지 않아도 괜찮아.

유연해지기
- **발견하는 사람과 함께하기:** 위험을 감수하고 새로운 일을 시도할 때는 기꺼이 걱정해도 돼. 걱정 때문에 시도하는 일을 멈추지만 마.
- **알아차리는 사람과 함께하기:** 과도하게 생각만 하고 있다고 느낄 때는 조언하는 사람에게서 벗어나 주변을 돌아보고 바로 이 순간에 집중해야 해.
- **조언하는 사람과 함께하기:** 해결할 수 있는 문제라면 앞에서 배운 문제 해결 단계를 활용하고, 해결할 엄두가 안 난다면 걱정하는 시간을 따로 마련하자.
- **자기 관점으로 보기:** 생각에 갇혀 꼼짝 못 할 때 네가 조언하는 사람 그 이상의 존재라는 사실을 기억해. 조언하는 사람은 너의 일부이지 네가 아니야.
- **사회적 관점으로 보기:** 걱정하느라 마치 동굴에 혼자 갇힌 것처럼 외롭다면 믿을 만한 사람에게 걱정을 털어놓아 봐. 그 순간에는 조언하는 사람의 목소리가 달라질 거야.

불안하거나 초조할 때

네가 만약 이렇다면
항상 나쁜 일이 일어날 것만 같다.
자주 위험을 느낀다.
감정과 생각을 통제하기가 어렵다.
두려워서 새로운 일을 피한다.

이런 걸 배울 거야
현대 사회와 불안의 관계
불안을 느끼는 이유
불안을 없애려고 부정적인 시도를 하지 않는 법
불안을 받아들일 때 가치 있는 일을 할 수 있다는 사실

▨ 사람들은 다양한 이유로 두려움을 느껴. 사람들이 느끼는 두려움에는 자신에 대한 두려움(내가 너무 뚱뚱한가? 너무 인기가 없나? 너무 게으른가?), 미래에 대한 두려움(좋은 성적을 받을 수 있을까? 좋은 직장을 구할 수 있을까? 좋은 사람을 만날 수 있을까?), 사회에 대한 두려움(지구 온난화가 심해지면 어쩌지? 우리 사회는 안전한가?) 등이 있어.

요즘 사람들은 무척 바쁘게 지내고 책임져야 할 일이 많은 데다가 뉴스에서는 매일 두려움을 일으킬 만한 사건들이 등장해. 우리가 불안한 건 어쩌면 당연한 일인지도 몰라.

이런 이유로 현대 사회에서는 불안에 시달리는 사람이 흔해. 걱정이나 스트레스 때문에 잠을 못 자거나 해야 할 일을 못 하거나 다른 사람들과 어울리지 못하는 경우도 많아.

그런데 주변을 한번 둘러 봐. 누가 불안을 느끼는지 알아볼 수 있니? 전부 알아맞히기는 어려울 거야. 사람들은 보통 자신의 불안을 숨기려고 하거든. 아마 너도 그럴 거야.

불안할 때 우리 몸과 마음에 일어나는 일

불안은 어떤 모습일까? 네게 해당하는 게 있는지 한번 살펴봐.

1. 불안할 때 몸과 마음에 나타나는 증상(알아차리는 사람의 관점)

마비되거나 압도당하는 느낌이 든다.
공포와 두려움, 조바심을 느낀다.
잠들기가 어렵고, 자주 깬다.
쉽게 놀라고 심장이 빠르게 뛴다.
메스꺼움이나 복통을 느끼고, 땀이 나거나 어지럽고 몸이 떨린다.
근육이 긴장되고 통증이 느껴지기도 한다.
심하면 호흡이 곤란해지고 공황 발작이 일어난다.

2. 불안할 때 떠오르는 생각(조언하는 사람의 관점)

자꾸 걱정하고 집중하기가 어렵다.
자신을 통제할 수 없다는 생각이 든다.
사람들이 나에 대한 이야기를 하고 판단하는 것 같다.
악몽이나 재난에 대한 생각을 계속 한다.
지난 일을 후회하고 이미 결정된 일도 자꾸만 다시 생각하게 된다.
자신의 몸이나 마음에 문제가 있다는 생각이 든다.
그 일을 하고 싶지 않다고 합리화한다.
거슬리는 생각을 막을 수 없다.

3. 불안할 때 하는 행동(발견하는 사람의 관점)

사람들을 잘 만나지 않는다.
안전을 위해 집에만 머문다.
불안함을 줄이려고 반복하는 특정한 일이 있다.
불확실하거나 두려움을 주는 일은 피한다.
결정하기를 피한다.
해야 할 일을 미루거나 성적이 떨어진다.
별 이상이 없는데도 병원에 자주 간다.
인터넷이나 SNS 사용을 멈추지 못한다.

불안을 없애기 위한 시도

- 아무것도 하지 않기
- 사람들을 피하기
- 불안하게 만드는 사람을 공격하기
- 눈에 띄지 않게 활동을 줄이기
- 해야 할 일을 미루기
- 괴롭힘을 당하지 않으려고 지나치게 애쓰기
- 동영상이나 게임 등으로 관심을 돌리기
- 감정을 회피하기

불안함을 피하려고 이런 일들을 하면 효과가 있을까? 오히려 네가 진짜로 좋아하는 일을 못 하게 되지는 않을까? 앞에서 배운 것처럼 여러 관점을 통하여 너 자신을 들여다 봐. 이 세상에 애정과 관심이 많아서, 잘하고 싶은 마음에, 마음이 통하는 사람과 만나고 싶고 거절당할까 봐 두렵기 때문에 불안을 느낀다는 사실을 깨닫게 될 거야. 가치 있는 일을 할 때는 자연스럽게 두려움이 따라와.

불안과 싸우는 일은 괴물과 맞서는 것과 같아. 네가 발버둥칠수록 불안 괴물은 더 강해지고, 불안 괴물을 이기기는 어려워. 그럼 어떻게 해야 할까? 답은 쉬워. 그냥 싸움을 멈추면 돼. 불안함을 받아들이고 네게 도움이 되는 일을 선택해서 하면 돼.

내게 가치 있는 일을 찾기

- 무인도에서 살아 보기
- 원하는 곳으로 휴가 가기
- 매사 조심하며 실수를 피하기
- 내일 내 기분이 어떨지 예측하기
- 잘 아는 익숙한 사람들과 어울리기
- 먹고 싶은 음식만 먹기
- 새롭고 신나는 사람들과 만나기
- 단호하게 행동하기
- 하고 싶은 일을 꿈꾸기
- 혼자 시간을 보내기
- 순간순간 감동하고 감사하기

어떠니? 이 중에 하고 싶은 일이 있니? 불안해도 해 볼 만한 일이 있고, 불안을 피할 수 있지만 아무 가치가 없는 일도 있어. 어떤 것을 선택해야 할까? 조금 두려워도 기꺼이 받아들이고 해 볼 만한 일에는 무엇이 있을지 한번 생각해 봐.

피하지 말고 받아들이기

불편함과 불안함을 기꺼이 받아들이고 용기를 낸다면 원하는 것을 더 많이 얻을 수 있어. 더 크게 성취하고 더 많은 우정과 사랑을 쌓을 수 있지. 네가 원하는 것은 무엇이니? 그걸 위해서라면 용기를 낼 수 있겠니?

나는 불안함을 기꺼이 받아들일 수 있을까? 무엇을 위해 그렇게 할 수 있을까?

위 질문에 '아니요.'라고 답했다면 다음 질문에도 답해 봐.

나는 무엇을 할 때 고통스러울까? 내가 피하려는 일은 무엇일까?

불안할 때마다 자기 자신에게 질문해 봐. '이 일을 하기 위해 기꺼이 불안을 받아들일 수 있을까?' 만약 그 일이 가치 있고 중요하다면, "응, 그렇게 해 볼게."라고 대답할 거야. 그렇지 않다면, "아니, 너무 불안해. 그렇게까지 할 가치는 없어."라고 대답하겠지.

받아들일 만한 일인지 확인하기

어떤 행동에 대하여 불안함을 받아들일 준비가 되어 있는지 알아보자.

	행동할 만한 가치가 있나?	얼마나 불안할까? (0에서 5까지)	이 행동을 하기 위해 불안을 받아들일 수 있을까?
호감 가는 사람에게 말 걸기			☐ 예 ☐ 아니요
운동 경기에서 치열하게 경쟁하기			☐ 예 ☐ 아니요
많은 사람 앞에서 발표하기			☐ 예 ☐ 아니요
하고 싶은 또 다른 행동: _____			☐ 예 ☐ 아니요
하고 싶은 또 다른 행동: _____			☐ 예 ☐ 아니요

가치 있고 행복한 삶을 살아가려면 때로는 불안을 받아들일 줄도 알아야 해. 그리고 그 일이 무엇인지, 어떤 일을 기꺼이 받아들일지는 네가 선택하는 거야. 어떤 일을 가치 있다고 생각하는지는 오직 너만이 알 수 있어.

불안을 기록하기

가치 있는 일을 하기 위해 기꺼이 불안을 받아들였던 경험을 기록으로 남겨 봐. 불안을 받아들인다는 게 그렇게 어렵고 두려운 일은 아니야. 걱정거리를 조금만 더 감당하겠다고 선택하면 돼. 작은 행동으로도 큰 변화를 가져올 수 있어. 긍정의 힘을 믿는 거야.

힘들었던 일

어떤 가치가 있는 일이었나?

그 일 때문에 얼마나 불안했나?

나의 삶을 나답게 이끄는 비결

마음을 따라가기

불안을 받아들이기란 쉽지 않아. 그래서 가끔은 불안함을 무작정 피하려고 애를 쓴다 해도 괜찮아. 네가 무엇을 가치 있게 여기는지, 어떻게 그 가치에 도달할 수 있을지를 떠올리면 너는 더 강해질 수 있고 네 삶은 더 나아질 거야. 불안한 삶이 아니라 가치 있는 삶을 살게 될 거야.

변화를 받아들이고 잘 대처하기

불안에 대한 생각을 바꿔 봐. 우리는 가치 있는 일을 할 때 불안함을 느껴. 불안과 싸우는 대신, 가치 있는 일을 하기 위해 기꺼이 불안을 받아들이기로 선택하는 거야.

유연해지기!

불안할 때마다 관점을 전환하는 연습을 해 보자.

- **발견하는 사람과 함께하기:** 한 걸음 내디뎌서 가치 있는 행동을 해 봐. 불안과 함께 나아가는 거야.
- **알아차리는 사람과 함께하기:** 만약 불안해서 배가 아플 정도라면 천천히 깊게 여러 번 심호흡을 하고 자기 자신에게 이렇게 말해 봐. '난 지금 불안해. 하지만 괜찮아.'라고 말이야.
- **조언하는 사람과 함께하기:** 조언하는 사람이 지나치게 걱정한다면 원래 위험을 찾는 일이 그 사람의 역할이라는 사실을 떠올리고 이렇게 말해 봐. "걱정해 줘서 고마워. 하지만 괜찮아. 난 앞으로 나아갈 거야."
- **가치 있는 일을 찾기:** 내가 가치 있다고 여기는 일을 하기 위해서는 기꺼이 불안을 받아들일 수 있을 거야. 내가 가치 있게 여기는 일이 무엇인지 생각해 보자.
- **자기 관점으로 보기:** 자기 자신에게 이렇게 말해 주자. "나는 불안해. 그렇지만 내가 불안 그 자체는 아니야. 나는 많은 가능성을 가졌어."
- **사회적 관점으로 보기:** 다른 사람들도 불안해한다는 걸 떠올려 봐. 겉으로 봐서는 알 수 없어. 다른 사람의 눈으로 보는 연습을 해 보자.

서로에게 힘이 되는
관계를 만들기

네가 만약 이렇다면

사람들과 잘 지내려고 애를 많이 쓴다.
친구나 가족과 자주 싸운다.
사람들에게 상처를 받는다.
인간관계에서 어려움을 겪는다.
상처 받을까 봐 두렵다.

이런 걸 배울 거야

다른 사람이 너와 어울리고 싶어 하는 이유
네가 다른 사람과 어울리고 싶어 하는 이유
관점을 전환하여 인간관계를 맺는 법
내부 시각과 외부 시각으로 보는 방법
우정에 도움이 되는 법칙들

▦ (   )을 많이 느끼면 계획을 짜고 문제를 해결하는 능력, 푹 잘 수 있는 능력, 정서적인 만족감, 오래 살 수 있는 기회가 줄어든다.

　괄호 안에 들어갈 말이 무엇일까? 바로 외로움이야. 음식을 제대로 섭취하지 못하면 죽을 수도 있는 것처럼, 외로움은 생명을 위협할 수도 있어. 우리 사람은 서로를 필요로 해. 인간관계는 우리에게 비타민이나 미네랄처럼 꼭 필요한 거야.
　그런데 인간관계는 우리에게 아주 어려운 부분이기도 해. 우리를 두렵게 하거든. 네가 누군가를 많이 좋아해서 고백한다고 상상해 봐. 상대의 대답에 따라 우리는 천국과 지옥을 오갈 거야. 두려움 없이 인간관계를 맺을 수는 없어. 동전에 양면이 있는 것처럼 삶이라는 동전을 가지려면 두려움이라는 동전의 뒷면도 받아들여야 해.
　상처 받을까 봐 두려운 마음을 감당하는 건 누구에게나 힘든 일이야. 하지만 기꺼이 그렇게 할 만한 가치가 있어. 앞의 5장과도 연결되는 질문을 해 볼게. '진정한 관계를 맺고 사람들과 연결되는 기쁨을 경험하기 위해 거절에 대한 두려움을 감당하겠습니까?'
　답하기가 어렵다면 다음 질문에 대한 답부터 생각해 보자. '우리가 다른 사람에게 가치 있는 이유가 무엇일까? 또, 다른 사람이 우리에게 가치 있는 이유가 무엇일까?'

'좋은 친구'에 대해 생각하기

무엇 때문에 다른 사람과 친구가 되는지 궁금한 적이 있니? 진짜 친구는 우리 자신을 더 좋게 느끼도록 도와주고, 우리를 지지하며, 안전해.

　아래 목록을 보고 친구 관계에서 가장 중요하다고 생각하는 다섯 가지를 골라 보자. 또, 친구와 함께 이 목록을 보면서 서로에 대하여 생각하고 상대의 좋은 점이 무엇인지 이야기해 보자.

좋은 친구는

- ☐ 신뢰할 수 있다.
- ☐ 재미있다.
- ☐ 스포츠를 좋아한다.
- ☐ 충실하다.
- ☐ 이야기를 잘한다.
- ☐ 관심사를 공유한다.
- ☐ 똑똑하다.
- ☐ 나를 판단하지 않는다.
- ☐ 친절하다.
- ☐ 나를 지지해 준다.
- ☐ 창의적이다.
- ☐ 흥미로운 것을 이야기한다.
- ☐ 인기가 많다.
- ☐ 내 말을 잘 들어 준다.
- ☐ 나를 웃거나 미소 짓게 만든다.
- ☐ 잘 용서한다. 원한을 품지 않는다.
- ☐ 유쾌하다. 기분이 좋을 때가 많다.
- ☐ 매력적이다.
- ☐ 자신이 느끼는 바를 잘 이야기한다.
- ☐ 나 자신에 대해 더 좋게 느끼도록 도와준다.
- ☐ 나를 기분 좋게 만든다.
- ☐ 계획을 잘 세운다.

내가 고른 다섯 가지

내가 생각하는 '좋은 친구'의 또 다른 특징

내 친구의 좋은 점

> 나를 '좋은 친구'로 만드는 것

이번에는 나에 대해 생각해 보자. 무엇이 나를 좋은 친구로 만들까? 이때 조언하는 사람에 유의해야 해. 네가 너 자신을 긍정적으로 바라보려 할 때 네 안의 조언하는 사람이 비판하는 말을 할 수도 있으니까. 조언하는 사람의 역할은 너를 안전하게 보호하고 네가 인간관계에서 실수하는 일을 막는 거야. 그래서 우리가 다른 사람과 함께할 때 걱정되는 점을 찾으려 해. 자꾸만 너한테서 문제점을 찾고 네가 나쁜 친구가 되는 이유를 찾으려 들지 몰라. 네가 매력적이지 않고 똑똑하지 않고 재미있지 않다고 말할 수도 있어.

만약 다른 사람의 생각을 읽을 수 있다면, 모든 사람이 똑같이 이런 걱정을 한다는 사실을 깨닫고 걱정을 덜 하게 될 거야. 하지만 우리는 그렇게 할 수 없어. 그러니 조언하는 사람의 말을 들을 때는 관계를 맺는 데에 도움이 되는 이야기만 골라서 듣는 법을 배워야 해.

이제 너를 좋은 친구로 만드는 다섯 가지 장점을 찾아서 써 보자. 앞의 목록을 참고하거나, 목록에 없는 내용을 써도 괜찮아.

관계 동그라미 채우기

아래 두 동그라미 안에 사람들의 이름을 써 보자. 지금 너와 얼마나 가까운지를 기준으로 삼으면 돼. 친구, 가족, 혹은 선생님도 이 안에 들어갈 수 있어.

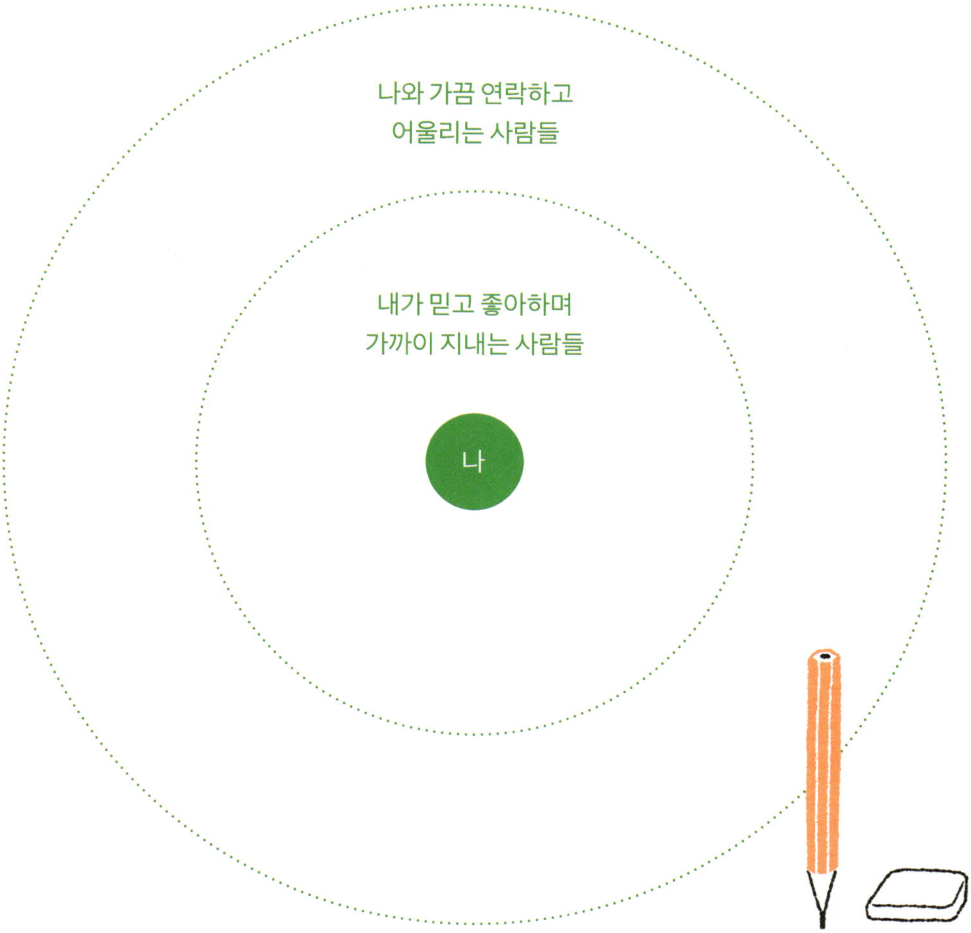

나와 가끔 연락하고
어울리는 사람들

내가 믿고 좋아하며
가까이 지내는 사람들

나

관계 동그라미에 이름을 쓴 사람 가운데 더 잘 지내고 싶은 사람이 있니? 더 많은 시간을 함께 보내고 싶은 사람은? 말다툼을 덜 하고 싶은 사람은 누구니? 더 친해지고 싶은 사람의 이름에는 밑줄을 그어 봐.

SNS에 대해서도 한번 생각해 보자. SNS을 사용하면서 어떻게 느끼니? 행복하니? 그 속에 놀라운 일이 있니? 현실에서보다 더 가깝게 느껴지거나 멀게 느껴지는 사람이 있니?

지금 우리가 맺는 관계는 놀라운 방식으로 변하고 있어. 다음에 나오는 연습을 하면 SNS에서의 인간관계를 더 좋게 만드는 데에도 도움이 될 거야.

여러 관점으로 바라보고 관계를 일구기

더 친해지고 싶은 사람에 대해 생각해 봐. 그 사람과 말다툼을 하거나 사이좋게 지내려고 애쓴 적이 있니?

먼저 알아차리는 사람의 관점으로 이 사람과의 관계에 대하여 살펴보자. 알아차리는 사람과 연결되려면 잠시 하던 일을 멈추고 천천히 심호흡을 해야 해. 어떤 어려운 상황에서도 이런 시간을 가져야 최선의 선택을 할 수 있어.

이제 그 사람이 너를 화나게 했을 때를 떠올려 봐. 그리고 무엇이 너를 화나게 했는지 써 보자.

그다음에 뒷장의 질문에 답해 보자. 알아차리는 사람과 조언하는 사람의 질문에 먼저 답하고, 그다음에 발견하는 사람과 가운데의 가치를 찾는 중요한 질문에 답을 해 봐. 이런 과정을 통하여 너의 감정과 생각을 알아차리고, 새로운 시도를 해 볼 수 있어. 그 사람과 솔직하게 대화를 나눈 뒤에 서로를 지지하고 응원하는 관계가 될 수도 있고, 너 자신을 더 내세워야 할 수도 있어. 너무 힘들다면 관계를 끊을 수도 있을 거야. 차분히 앉아 질문에 차근차근 답하면서 너에게 가장 좋은 선택이 무엇인지 알아보자.

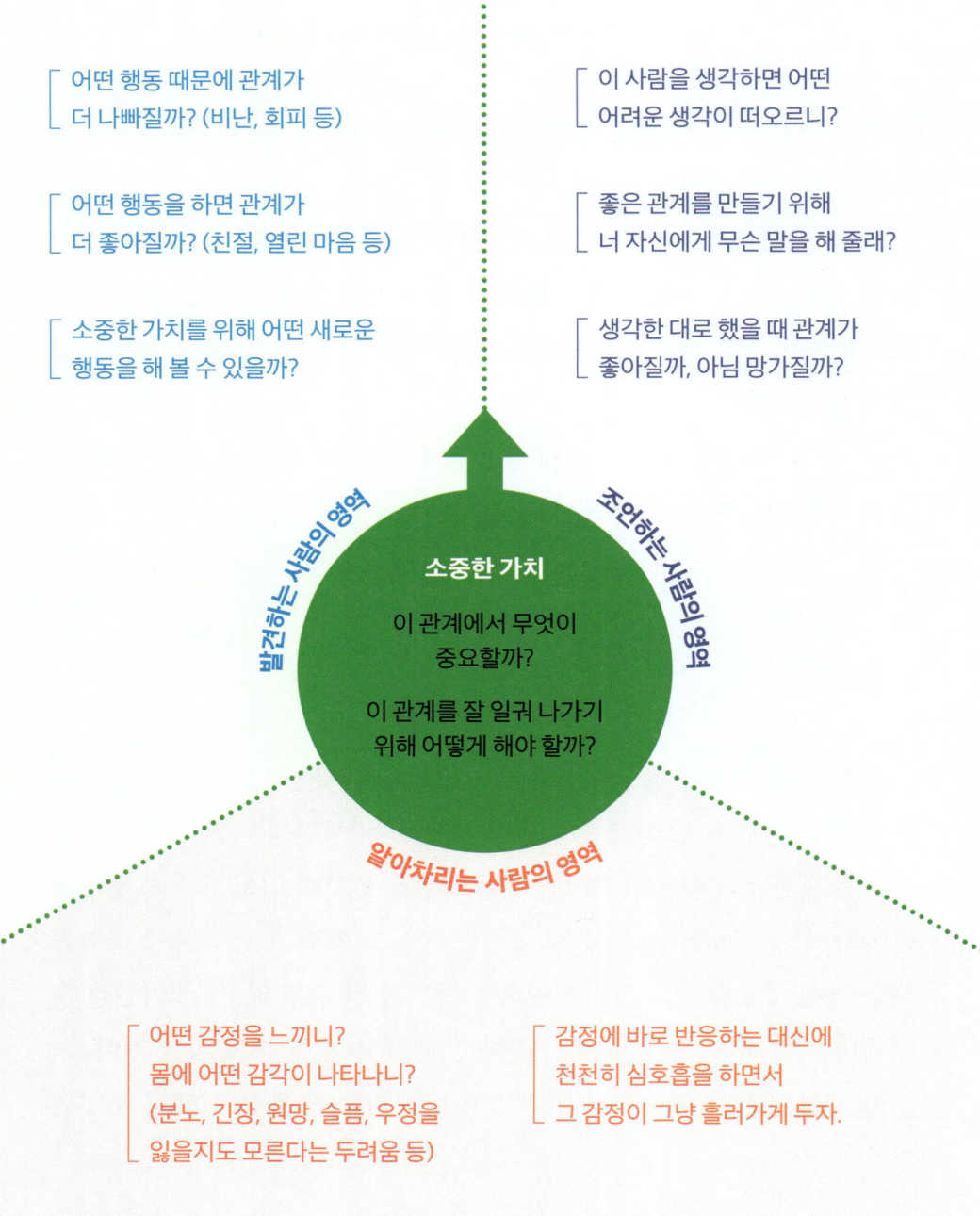

사회적 관점으로 바라보고 관계를 일구기

인간관계는 복잡하고 혼란스럽기도 해. 친하다고 생각했던 친구가 어느 순간에 화를 내고 너에 대한 험담을 할 수도 있어. 둘 사이에 무슨 일이 일어났는지 모른 채로 사이가 멀어지기도 해. 친구 때문에 괴로울 때 우리는 우정의 또 다른 면에 대해 알게 돼. 이럴 때는 무엇을 할 수 있을까?

앞에서 배운 사회적 관점을 사용하여 벌어진 상황과 거리를 두고, 무엇이 최선인지 찾아볼 수 있어. 사회적 관점은 네가 다른 사람과 어떻게 상호작용하는지를 살피고, 다른 사람이 무엇을 느끼고 생각하고 행동하는지 알 수 있게 해 줘.

우선 아래와 같이 차분한 마음으로 알아차리는 사람과 만나 보자.

1. 호흡하기: 천천히 여러 번 심호흡을 해 보자.
2. 외부에 주목하기: 지금 무엇이 들리고 보이는지 작은 것에 주목하며 주변을 살피자.
3. 내부에 주목하기: 머리에서 발끝까지 몸을 살피고 어떤 감각이 느껴지는지 어떤 느낌이 드는지 표현해 보자.

이렇게 하면 지금의 감정이나 생각에 과민하게 반응하는 일을 막을 수 있어. 화가 났다고 친구에게 상처 주는 행동을 하지 않고, 두려운 마음이 들어 사람들을 무조건 피하지도 않을 거야.

안과 밖에서 바라보는 연습

이제 본격적으로 사회적 관점을 사용해 보자. 관계의 내부와 외부에서 자신을 바라보는 연습을 할 거야.

	나	친구들
내부 시각	① 나는 어떻게 생각하고 느꼈을까?	② 내가 만약 친구들이라면, 어떻게 생각하고 느꼈을까?
외부 시각	③ 나는 어떻게 보였을까?	④ 친구들은 어떻게 보였을까?

1. 관계에 문제가 생겼을 때 어떤 느낌이 드니? 분노 말고 또 어떤 감정을 느꼈는지 ①번 칸에 적어 보자.

2. 친구들의 몸으로 들어가서 그들이 생각하고 느끼는 것을 똑같이 생

각하고 느낄 수 있다고 상상해 봐. 그들은 그 상황에서 어떻게 느꼈을까? ②번 칸에 적어 봐. 다만, 이건 추측하는 거니까 네가 틀릴 수도 있어. 다른 사람이 느끼는 바를 그대로 읽어 내기는 어렵거든. 여기에서 핵심은 자신의 시선뿐만 아니라, 친구들의 시선으로 상황을 본다고 상상하는 거야.

3. 이제 친구들의 시선에서 네가 어떻게 보였을지 상상해 봐. 네가 화가 난 것처럼 보였을까? 아니면 화가 난 것을 숨기고 멋있어 보이려고 노력하는 것처럼 보였을까? 아니면 아무 신경도 쓰지 않는 것처럼 보였을까? ③번 칸에 적어 봐.

4. 마지막으로 다른 사람의 시선에서 친구들은 어때 보였을까? 화가 나 보이거나 멋있어 보이거나 신경 안 쓰는 것처럼 보였을까? ④번 칸에 적어 봐.

사회적 관점을 사용하면서 무엇을 알게 되었니? 외부에서 바라보는 시선과 내부에서 바라보는 시선이 같지 않다는 것을 발견했을 거야. 너의 내부에서 일어나는 일이 반드시 외부에 드러나지는 않아. 누구나 자신이 느끼는 감정을 숨겨. 보통은 불안과 두려움을 숨기려고 노력해. 그래서 대부분의 사람들이 자기 자신이 느끼는 것보다 더 자신감 있고 두려워하지 않는 것처럼 보이는 거야.

서로에게 힘이 되는 관계를 만들기 위해서는 밖으로 보이는 모습을 뛰어넘어 자기 자신과 다른 사람들의 내부에서 무슨 일이 일어나는지 이해해야 해. 하지만 다른 사람의 내부에 대한 것은 그저 추측일 뿐이라는 사실도 기억하자. 너의 짐작이 무조건 옳지는 않아. 대화를 해 보면 실제로 그들이 어떻게 느끼는지 깨닫고 네 생각을 바꾸어야 할 수도 있어.

　서로 다투어서 상황이 나빠졌을 때는 친구의 내부에서 무슨 일이 일어나는지 이해하려고 노력해 봐. 밖으로 보이는 것에만 주목했을 때보다 훨씬 더 친구와 상황을 잘 이해하고 적절하게 반응할 수 있을 거야.

좋은 관계를 위한 우정의 법칙

우정을 쌓을 때 도움이 되는 법칙들을 모아 보았어. 그런데 가끔은 도움이 되지 않을 수도 있어. 사람마다 상황마다 조금씩 다를 거야. 발견하는 사람과 함께 어떤 법칙이 네게 효과가 있는지 찾아봐.

1. 우정을 위해서는 다른 사람들을 돕고 지지하며 때로는 아무것도 바라지 않고 선행을 베푼다.
2. 좋은 관계는 양방향이다. 선행을 베풀어야 한다는 말이 당하고도 가만히 있어야 한다는 뜻은 아니다. 좋은 관계에서는 때때로 상대방도 네게 선행을 베풀어야 하며, 항상 자기 이야기만 하거나 너를 이용하도록 내버려 두지 않아야 한다.
3. 흥을 깨는 사람은 친구가 적다. 친구들은 자신에 대해 좋게 느끼고 기분 좋게 지내기를 원한다. 재미있는 일을 생각해 내고, 칭찬하고, 친구와 함께하는 일에 매번 불평하지는 말아야 한다.
4. 현명하게 공유한다. 과도하거나 부족하지 않아야 한다. 상대방이 피하고 싶을 정도로 자신에 대해 많은 것을 알리는 것도, 뭔가 숨기고 있거나 사이가 멀다고 느낄 정도로 다른 사람에게 자신에 대해 아무것도 알리지 않는 것도 모두 우정에는 좋지 않다. 다만, 어느 정도가 적당한지는 상대방과 상황에 따라 다르기 때문에 딱 잘라 말할 수는 없다. 발견하는 사람과 함께 조금씩 다르게 시도해 보고 적당한 선을 찾아야 한다.

5. 친구들에게 관심을 기울여야 한다. 다른 사람이 말을 할 때 자신이 그 사람의 눈을 바라보고 적절하게 반응하는지 생각해 보자. 누군가 말을 걸어 오면 휴대폰을 치우고 관심을 기울이자. 상대방이 기뻐할 것이다.

6. 잘못된 비판은 우정의 독이다. 사람들은 평가받는 것을 싫어한다. 우정을 죽이는 가장 빠른 방법은 친구를 비판하는 것이다.("넌 나빠.", "거짓말쟁이.", "널 믿을 수 없어." 등등) 친구에 대한 너의 평가가 너무 가혹하거나 성급하면, 그 친구는 자신의 마음속 조언하는 사람의 이야기만 들으려 할 것이다. 친구의 조언하는 사람은 처음에는 화살을 안으로 돌려 친구 자신을 비난할 수도 있지만, 곧 화살이 너를 향할 것이다. 친구가 너를 화나게 할 때 그 친구를 무작정 비판하기보다는,("넌 진정한 친구가 아니야.") 그의 행동을 중심으로 말해야 한다.("난 네가 그렇게 하는 걸 좋아하지 않아.")

7. 마음의 근육을 키워 가끔은 관계에서 오는 상처를 감수해야 한다. 하지만 관계가 너무 어려울 때 그 관계에서 벗어날 수도 있어야 한다.
8. 기꺼이 사과한다. 누구나 실수를 한다. 진정한 사과는 어려운 일이지만 다른 사람에게 상처를 주었다면 용기를 내서 먼저 사과를 해야 한다. 그것이 얼마나 우정을 더 강력하게 만드는지 확인하고 놀라게 될지도 모른다. 단, 과하게 사과할 필요는 없다.
9. 사회적 관점은 관계에서 힘이 된다. 친구와의 사이에서 어려운 상황에 처하거나 누군가와 더 친해지고 싶을 때면 잠시 멈추고 사회적 관점으로 바라보기를 연습하자. 나 자신과 친구의 내면과 외부를 모두 살피자.
10. 하지만 사회적 관점이 천하무적은 아니다. 사람들은 자신의 감정을 숨긴다. 친구들이 너와의 관계가 아니라 다른 문제와 씨름하고 있을 수도 있다. 가정 불화, 경제적인 스트레스, 가족의 질병, 혹은 또래의 괴롭힘을 경험하고 있을지도 모른다. 이러한 어려움은 종종 외부에서는 보이지 않는다. 사회적 관점을 사용하여 친구의 내부에서 무슨 일이 일어나고 있는지 추측할 수 있지만, 그 추측이 틀릴 수도 있다는 사실도 반드시 기억하자.

나의 삶을 나답게 이끄는 비결

마음을 따라가기

인간관계에서 무엇이 가장 중요한지 한번 생각해 봐. 친구를 무작정 비난하려고 할 때 잠시 멈추는 연습을 하고, '좋은 친구'에 대하여 앞에서 적은 목록을 떠올리고 그렇게 되도록 노력하자.

변화를 받아들이고 잘 대처하기

인간관계는 자주 변해. 친구와 잘 어울리다가도 갑자기 사이가 틀어질 수 있지. 너 자신과 네가 사랑하는 사람들한테 일어나는 변화를 잘 관찰하고 어떤 것이든 받아들이려고 노력해 봐. 서로 지지하는 진실한 관계로 발전하는 좋은 기회가 될 거야.

유연해지기

- **발견하는 사람과 만나기:** 친절하게 행동하기, 대화할 때 집중하기 등 관계를 더욱 돈독하게 만드는 방법들을 찾아보자.
- **알아차리는 사람과 만나기:** 좋은 관계를 위해 나는 어떤 감정들을 기꺼이 받아들일 수 있을지 생각해 봐.
- **조언하는 사람과 만나기:** 새로운 시도를 할 때 어떤 좋은 점과 이득이 있고, 어떤 나쁜 점과 손해가 있을지 살펴보자. 어떤 어려움이 있을지, 어떤 가치 있는 일을 할 수 있을지 생각해 보는 거야.
- **자기 관점으로 보기:** 인간관계에서 실수를 하더라도 그 친구에게 하듯이 자기 자신을 친절하게 대할 수 있도록 연습해 봐.
- **사회적 관점으로 보기:** 사람들은 종종 내면에서 느끼는 것과 달라 보인다는 것을 기억하자. 다른 사람을 이해하고 함께하기 위해서는 상대방의 입장이 되어 보는 연습을 해야 해.

학교에서의 괴롭힘에 대처하기

네가 만약 이렇다면
누군가의 행위가 학교 폭력인지 아닌지 확신할 수 없다.
학교에서 계속 괴롭힘을 당한다.
친구에게 상처를 받는다.
SNS에서 따돌림이나 괴롭힘을 당한다.

이런 걸 배울 거야
학교 폭력을 구분하는 법
다른 사람을 괴롭히는 이유
주도권을 잡는 방법
학교 폭력에 대처하는 법

학교 폭력이 무엇인지 이해하기

우리에게는 음식과 쉼터만큼 우정과 다른 사람과의 연결이 필요해. 사회적으로 고립되거나 학교 폭력을 당하는 것은 가장 고통스러운 경험 중 하나야.

우리 중 누구도, 학교 폭력 가해자조차도 학교에서의 괴롭힘이나 언어적·사회적 폭력을 당할 수 있어. 하지만 흔히 일어나는 일이라고 해서 고통스럽지 않은 것은 아니야. 그런 일을 당한다면 누구든 괜찮지 않아. 학교 폭력은 그대로 받아들여야 하는 것도, 바꿀 수 없는 것도 아니야. 그럼 무엇을 할 수 있을까? 그 전에 먼저 학교 폭력이 무엇인지 알아보자.

학교 폭력은 다음 두 가지를 포함해.

> 1. 공격성: 신체나 감정을 상하게 한다.
> 2. 반복성: 한 번이 아니라 계속 일어난다.

학교 폭력은 다음과 같이 여러 형태로 나타날 수 있어.

- 언어 폭력: 놀리거나 상처를 줄 목적으로 별명을 부르는 행위, 인종, 종교, 성별 등에 따라 이름을 붙이는 행위.
- 신체 폭력: 때리기, 차기, 밀기, 부려 먹기, 물품을 망가뜨리는 행위.
- 사회적 폭력: 배제하기, 소문 퍼트리기, 여럿이서 짜고 맞서기.

- 사이버 폭력: 소셜 미디어 애플리케이션, 채팅, 웹사이트 또는 이메일등에서 여러 형태의 전자 메시지나 사진을 사용하여 괴롭히는 행위. 항상 부정적으로 댓글을 달거나 게시하는 모든 내용을 부정하거나 사람들을 조정하여 모욕을 주는 행위.
- 숨겨진 폭력(또는 나르시시즘): 일단 포착하기가 어렵다. 친절하게 대하는 척하다가 어느 순간에 친구가 아니라고 하면서 무언가를 요구하거나 비난하는 경우, 사소한 일로 기분 나쁘게 만들거나 자신의 마음을 읽고 무엇을 원하는지 알아 달라고 강요하는 경우이다.

진짜 학교 폭력과 학교 폭력이 아닌 행위를 구별하는 일은 중요해. 어떤 경우에는 좀 헷갈릴 수 있어. 예를 들어 네가 SNS에 친구들의 관심을 끌 만한 게시물을 올렸는데, 친구가 댓글을 달지 않는다면 이게 괴롭힘일까? 좋아하는 친구가 기분이 안 좋다고 네게 말을 못되게 할 때는 어떨까? 친구가 상처를 주는 말을 했다면 이건 괴롭힘일까?

학교 폭력인지 아닌지를 알아보기 위해서는 이런 질문을 해야 해.

> 1. 공격성: 의도적으로 상처를 주거나 위협하는 행위인가?
> 2. 반복성: 한 번이 아니라 반복해서 계속 일어나는가?

만약 둘 다 아니라면, 상대방의 실수이거나 어쩌면 그 관계를 위해 노력해야 할 시기가 왔다는 신호일 수 있어. 아니면 관계를 끝내야 할 때인지도 몰라.

만약 둘 다 맞는다면, 그 행위는 괴롭힘이나 폭력이야. 그냥 넘어가선 안 돼.

학교 폭력이 일어나는 이유

왜 사람들은 서로에게 못되게 굴까? 이 질문에 대한 가장 중요한 대답은 그게 너 때문은 아니라는 거야. 지금 학교에서 괴롭힘을 당하고 있다면, 절대로 네 잘못이 아니라는 걸 알아야 해. 누구나 공격, 놀림, 소외를 당하지 않을 권리가 있어. 또한 누구나 존중받을 권리가 있고, 너 역시 그래. 학교 폭력 가해자들은 왜 다른 사람들을 괴롭히는 걸까?

1. 학교 폭력 가해자는 지위와 권력을 얻기 위해 약자를 괴롭힌다. 그들은 자신이 인기 있기를 바란다. 누군가를 때리거나 악성 루머를 퍼뜨리는 학교 폭력 가해자가 같은 반에 있다면 그들을 두려워하고, 피하거나 공격받지 않으려고 그들과 친구가 되려고 노력할 수도 있다. 자신이 괴롭힘을 당하지 않는 한, 그들을 재미있거나 멋진 친구라고 생각할지도 모른다. 학교 폭력 가해자와 잘 지내는 것이 그들에게 맞서는 것보다 쉽기 때문이다.

만약 네가 학교 폭력 가해자와 친구가 되더라도 그가 너를 공격하기까지 시간이 조금 걸리는 것뿐이지 안전하다는 뜻은 아니다. 그는 너와의 우정을 파괴하고 곧 다른 사람으로 옮겨 가 새로운 우정을 맺을 것이고, 이런 일이 계속해서 반복된다.

하지만 여러 연구 결과에 의하면 학교 폭력 가해자들은 시간이 지나면서 그 인기를 잃게 된다. 당연히 그 지위를 오래 유지하지 못한다. 당장은 학교 폭력 가해자가 이기는 것처럼 보여도 결국 그는 지게 된다.

2. 학교 폭력 가해자는 기분이 좋으려고 약자를 괴롭힌다. 학교 폭력은 약물 중독과 같다. 약효가 사라지고 나면 부정적인 결과만 남는다.
- 학교 폭력 가해자는 다른 사람들을 공격하여 잠깐 기분이 좋아지지만, 사실 그들은 언제나 질투와 불안감에 사로잡혀 있다.
- 학교 폭력 가해자는 다른 사람에게 화풀이를 하는 것일 수 있다. 예를 들어, 그들의 부모님이 항상 그들에게 소리를 질러서 화가 나 있다면 부모님 앞에서 무력감을 느끼기 때문에 자신이 힘이 있다고 느끼기 위해 다른 사람을 공격하는 것이다. 하지만 아무 이유 없이 다른 사람을 공격한다고 해서 부모님의 고함 앞에서 힘을 얻지는 못한다.
- 학교 폭력 가해자는 정신적 외상을 초래할 정도의 환경에서 성장했을 수 있다. 학대를 받거나 호된 비난을 자주 받았다면 침착함이나 친절을 배우지 못했을 것이다.

하지만 이런 이유 가운데 어느 것도 학교 폭력을 정당화할 수는 없어. 그건 분명해.

그럼 학교 폭력에 대응하는 방법에는 무엇이 있을까? 언제나 그렇듯이 첫 번째 단계는 네 안의 알아차리는 사람과 만나는 거야.

힘든 감정을 마주 대하기

이 연습을 하기 위해서는 용기가 필요해. 다른 사람이 너를 해치거나 지배하려고 폭력을 쓸 때 느꼈던 네 안의 감정을 다시 만나려면 매우 고통스럽기 때문이야.

누군가가 네게 못되게 굴었던 때를 떠올려 보자. 그때 어떤 감정이 들었니? 아래 단어에 동그라미 표시를 하고, 다른 단어가 떠오른다면 추가해 봐.

아픈	화가 나는	절망적인	두려운
슬픈	불안정한	무기력한	불안한
혼란스러운	집중할 수 없는	안전하지 않은	원망스러운

이제 이러한 힘든 감정이 생겼다가 사라지는 것을 알아차리는 연습을 해 보자. 감정은 지금 어떤 일을 해야 할 때라는 것을 알려 주는 몸의 신호야. 그 감정과 싸울 필요가 없어. 감정을 억누르는 것은 그 감정을 더 강하게 만들 뿐이야. 학교 폭력이나 괴롭힘 앞에서 감정을 누르거나 폭발시키지 않고 그대로 둔 채 도움이 되는 선택을 하자.

학교 폭력 가해자를 대하는 방법

모든 학교 폭력 가해자에게 통하는 한 가지 방법은 없어. 그런 방법이 있어서 단번에 학교 폭력이 해결되면 정말 좋겠지만, 어떤 좋은 전략도 매번 성공할 수는 없어. 여기에서는 네가 시도할 수 있는 여러 일 중에서 올바른 전략을 찾는 방법을 소개하려고 해. 이 방법에는 두 가지 측면이 있어. 첫 번째는 너의 내면의 힘을 쓰는 거고, 두 번째는 너의 외부에 작용하는 힘을 쓰는 거야.

		1단계 외부에 작용하는 힘을 쓰지 않는다.	2단계 외부에 작용하는 힘을 쓴다.
1단계	내면의 힘을 쓰지 않는다.	학교 폭력 가해자가 하는 어떤 일에도 반응하지 않는다. 아무 말을 못 들은 척하고 아무런 방해도 받지 않는 척하고 피한다.	네 의견을 말하거나 맞서 싸우고 다른 사람이나 어른에게 도움을 받는다.
2단계	내면의 힘을 쓴다.	긍정적이고 차분한 태도를 취하되 너무 가까이 지내지 말고 경계를 유지한다. 가해자가 왜 너를 나쁘게 대하는지 알려고 노력한다.	차분한 태도를 취하되 네가 원하는 바를 단호하게 말하며 당당히 맞선다.

상황에 맞게 적용하는 연습

누군가 너를 괴롭히는 상황에 처했다고 상상해 보자. 해결 방법을 찾기 전에 꼭 해야 할 일이 있어. 지금 네가 안전한지부터 확인하는 거야. 만약 안전하지 않다면 당장 안전한 장소로 가서 누군가에게 도움을 받아야 해!

1. 안전이 최우선이다.

2. 안전하다면 여러 관점을 도입하여 너를 도와줄 방법을 찾는다.

- **조언하는 사람과 만나기:** 이런 상황에서 어떤 생각이 떠오르니?
- **알아차리는 사람과 만나기:** 이런 상황에서 어떤 느낌이 드니? 몸의 어디에서 이런 느낌이 나타나니?
- **발견하는 사람과 만나기:** 예전에 비슷한 상황에서 어떤 전략을 썼는지 생각해 봐. 계속 괴로웠다면 그 전략은 효과가 없었다는 뜻이야.
- **소중한 가치를 찾기:** 네가 원하는 게 무엇이니? 아마도 괴롭힘에서 벗어나 자신을 잘 돌볼 수 있기를, 사람들과 잘 지낼 수 있기를 바랄 거야.

이제 전략을 만드는 연습을 해 보자. 비슷한 일을 겪거나 보았던 경험을 떠올리고 가능하면 구체적으로 써 보자.

		1단계 외부에 작용하는 힘을 쓰지 않는다.	2단계 외부에 작용하는 힘을 쓴다.
1단계	내면의 힘을 쓰지 않는다.		
2단계	내면의 힘을 쓴다.		

이제 위에 적은 전략 옆에 1부터 10까지 숫자를 써 봐. 효과가 거의 없으면 1, 효과가 크면 10을 쓰면 돼. 이때는 조언하는 사람과 함께 하자. 그다음은 네 안의 알아차리는 사람을 통하여 이 전략을 실행에 옮긴다고 생각할 때 몸에 어떤 변화가 생기는지, 어떤 감정을 느끼는지 살펴봐. 긴장감, 흥분감, 불안감, 압도감, 아니면 또 다른 감정이 느껴지니? 마지막으로 발견하는 사람과 함께 고통스럽더라도 이 전략을 실행할 수 있을지 한번 생각해 보자.

이 과정을 모두 거친 뒤에는 이 전략을 실행에 옮길지 최종 판단하고, 만약 이 전략이 통하지 않는다면 어떻게 할지 판단해 보자.

괴롭힘에 맞설 때 기억해야 할 사항

가장 효과적인 전략이 가장 만족스럽거나 가장 쉬운 전략은 아닐 수도 있어. 다른 사람이 너를 해치려 하거나 부당하게 공격할 때는 당연히 보복부터 하고 싶을 거야. 하지만 주의해야 해. 대부분의 경우, '공격'하는 전략은 역효과를 낳아. 네가 사람들을 다치게 하거나 수치심을 느끼게 하면 그들은 그냥 잊지 않아. 어떻게 네게 앙갚음을 할지를 생각하고, 생각하고, 또 생각할 거야. 그리고 주변 사람들은 그들이 아니라 네가 나쁜 사람이라고 생각할지도 몰라. 너에 대해 험담하거나 어른들에게 일러바칠 수도 있어.

더 중요한 건, 다른 사람이 너를 공격했다고 똑같이 그들을 공격한다면 과연 옳은 일일까? 너는 어떤 사람이 되고 싶니? 자칫 너도 다른 사람을 괴롭히는 가해자가 될 수 있어. 똑같이 나쁜 행동에 가담하게 되는 거야. 곰곰이 한번 생각해 보자.

나의 삶을 나답게 이끄는 비결

마음을 따라가기

누군가로부터 상처를 받아서 슬프다면 먼저 자신을 돌보아야 한다는 뜻이야. 어려운 상황일수록 자기 자신을 잘 보살펴야 해.

변화를 받아들이고 잘 대처하기

학교 폭력이나 괴롭힘으로 어려운 상황에 처했을 때, 효과적으로 대응하려면 변화가 필요해. 마음가짐은 물론, 행동도 바꿀 필요가 있어.

유연해지기

- **발견하는 사람과 함께하기**: 같은 일을 하면 똑같은 결과가 나오기 마련이야. 다른 결과를 원한다면 새로운 행동을 시도하고, 무슨 일이 일어나는지 효과가 있는지 살펴봐야 해.
- **알아차리는 사람과 함께하기**: 지금 이 상황에 처한 네 감정을 들여다보고, 그 감정에 이름 붙이기를 해 봐. 두려움, 불안, 분노에 지나치게 반응하지 않도록 도와줄 거야.

- **조언하는 사람과 함께하기:**
  + 괴롭힘을 당한다는 생각이 들면, 너에게 상처를 주기 위해 의도적으로 하는 행동인지, 그 행동이 반복되고 있는지 판단해 보자.
  + 자책하지 말기! 누구나 학교 폭력을 당하지 않을 권리가 있어. 학교 폭력을 당해도 되는 사람은 없어.
  + 학교 폭력은 너의 자신감과 행복을 해친다는 사실을 기억하고 무슨 일이든 실행에 옮겨야 해. 이 상황을 이겨 낼 힘이 있다고 믿자.
  + 인터넷에 게시물을 올리기 전에는 주의해야 해. 그 게시물을 온 세상 사람들이 다 보고, 그 결과가 영원히 남기를 바라는지 생각해 봐. 미래에 네가 만날 중요한 사람들이 그 게시물을 볼 수도 있어.
  + 인터넷상에서 너를 공격하는 사람에게 먹이를 주지 마. 빌미가 될 수 있는 부정적인 의견이나 개인의 사생활이 담긴 게시물은 가능하면 줄이자. 온라인상에서 너를 불쾌하게 하는 사람은 접근을 차단해도 좋아. 또한 네가 옳다고 생각하더라도 온라인에서 다른 사람을 공격하거나 보복하지 마. 사람들은 잘 잘못을 따지기보다는 겉으로 드러난 것만 보고 너를 나쁘게 평가할 거야.
- **자기 관점으로 보기:** 학교 폭력은 가해자의 잘못이야, 너의 잘못을 찾기보다는 다양한 전략을 검토하고 무엇이 나에게 최선인지 고민해 봐.
- **사회적 관점으로 보기:** 다른 사람들과 함께 고민을 나누고, 믿을 수 있는 어른에게 도움을 청하자.

우울하거나
슬플 때

네가 만약 이렇다면
슬프지 않으려고 애쓰지만, 효과가 없다.
재미있는 일이 많지 않다.
자신에게 비판적이고 자신이 가치 없는 존재라고 느낀다.
자신에게 벌을 주려고 파괴적인 일을 한다.

이런 걸 배울 거야
슬픔과 우울증의 차이점
자기 돌봄을 실천하는 방법
슬픔을 활력과 의미 있는 행동으로 바꾸는 방법
새로운 경험을 하기 위해 발견하는 사람과 만나는 법

▦ 월요일 아침, 일어나라는 소리에도 그냥 침대에 머물고만 싶을 때가 있지. 안개 속에 있는 것 같은 기분으로 학교에 가고 내면의 조언하는 사람은 자꾸 부정적인 말만 들려줘. '넌 패배자야. 왜 학교에 다니니? 다른 아이들은 널 좋아하지 않아.'

다른 친구들은 모두 행복해 보이는데, 넌 그렇지 않은 것만 같아. 어른들은 아무것도 이해하지 못하고 쓸모 있는 일을 찾으라는 말을 던질 뿐이야. 어떠니? 너도 너의 기분을 아무도 이해하지 못한다고 느낀 적이 있니?

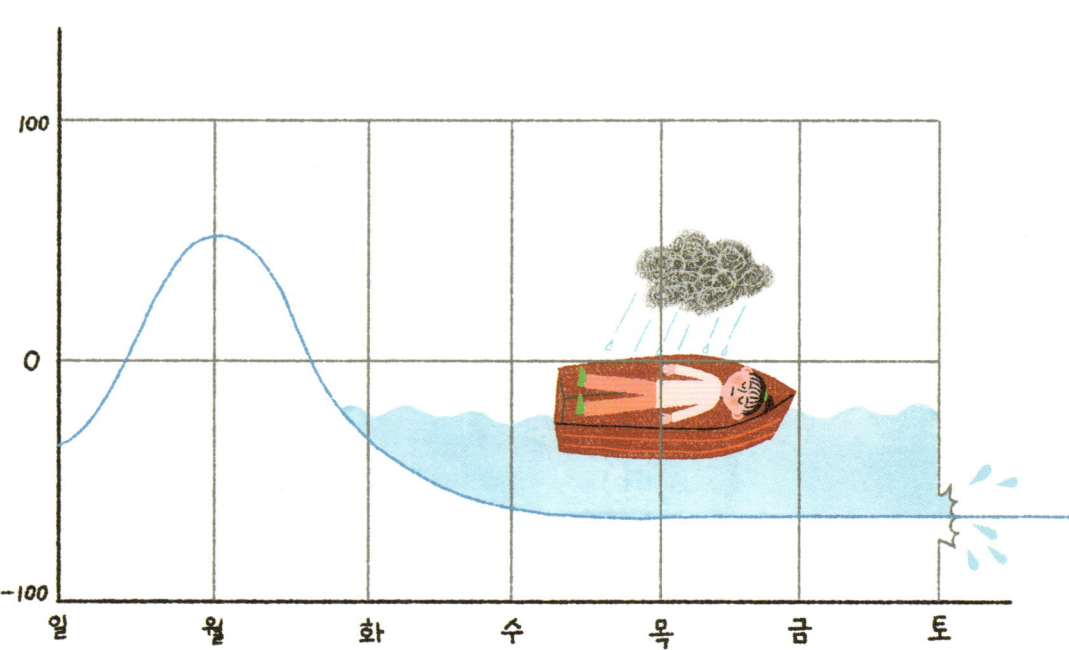

기분이 가라앉는 이유

네가 어딘가 잘못되거나 망가져서 이런 기분을 느끼는 것은 아니야. 네가 나약해서 그렇다고 말하는 사람들을 믿지 마. 슬픔은 네 몸과 마음에서 오는 메시지야. 그 자체로 좋지도 나쁘지도 않아.

어쩌면 이런 기분은 다른 사람이 너를 나쁘게 대하거나 미래가 불확실하게 느껴져서 불안하다는 신호일지 몰라. 어쩌면 충분히 잠을 못 자서 그럴 수도 있어. 또 다른 여러 이유가 있을 수 있고, 그 이유들이 겹겹이 쌓여서일 수도 있어.

10대는 급격한 변화를 겪는 시기야. 많은 10대가 불안함을 느끼지. 사실 어른들도 그래. 어른 역시 우울하거나 자신이 가치 없고 자기 삶이 절망적이라고 느낄 수 있어.

우울할 때는 우선 혼자가 아니라는 걸 깨달아야 해. 그리고 해결해야 할 일이 있다는 신호로 받아들이자.

우울함이나 슬픔에 관하여 근거 없는 믿음들이 많아. 아래에 몇 가지 예시가 있어.

기분이 안 좋으니 우울증이 분명해.	뇌에 문제가 있어서 슬픔을 많이 느끼는 거야.	슬픔을 느끼는 건 나약해서 그런 거야.
그렇지 않아. 누구나 감정 기복을 경험해. 감정이 오르락내리락하는 건 정상이야.	꼭 그렇다고 할 수는 없어. 슬픔은 신호이지, 무조건 문제가 있다는 뜻은 아니야.	절대 맞는 말이 아니야. 살면서 겪는 모든 과정에서 누구나 스트레스를 받아.

우울증에 대하여

'우울증'은 에너지나 기분이 저조한 상태가 오래 지속되는 거야. 우울하면 모든 것이 의미를 잃은 것처럼 느껴져. 우울함은 학습, 인간관계, 직장 생활 등 삶의 모든 측면에 영향을 미치지.

사춘기에는 누구나 우울함을 느낄 수 있고, 특히 큰 스트레스를 주는 사건을 겪으면 그럴 수 있어. 우울증을 막으려면 안전하게 학교생활을 하고, 스트레스를 유발하는 상황을 바꾸고, 다른 사람들로부터 지지를 받는 좋은 관계를 맺어야 해.

만약 네가 정말로 우울증에 걸렸을까 봐 걱정된다면, 가족에게 말하고 숙련된 전문가의 도움을 받아 보자.

우울증의 몇 가지 징후는 다음과 같아.

- 슬픔이 오래 지속된다.(최소 2주 이상)
- 외출하려고 하지 않는다.
- 학교생활과 학습에 흥미를 잃는다.
- 가족과 친구에게서 멀어진다.
- 죄책감, 좌절감, 짜증, 슬픔, 불안감 같은 감정에 사로잡힌다.
- '나는 실패했다.', '나는 가치가 없다.', '인생은 살 만한 가치가 없는 것이다.'와 같은 생각을 자주 한다.
- 항상 피곤하다.
- 자살에 대해 진지하게 생각한다.

> 자기 자신을 돌보기

냉장고에는 오래된 음식물이 가득하고, 지저분한 접시들이 쌓여 있는 부엌을 상상해 봐. 무엇부터 해야 할지 어디서부터 손을 대야 할지 모를 거야. 기분이 안 좋을 때 너의 몸속에서도 비슷한 일이 벌어진다고 생각하면 돼.

이럴 때 네 안의 알아차리는 사람은 문제가 있다는 신호를 보낼 거야. 이런 신호를 받으면 먼저 몸을 돌보아야 해. 몸이 튼튼해지고 힘이 나면 마음을 돌보는 일도 조금은 수월해질 거야.

아래 내용을 읽고, 조금씩 실천해 보자. 당장 아무것도 하고 싶지 않겠지만 그래도 꼭 필요한 일들이야.

1. **몸을 움직이기:** 운동을 하면 기분이 좋아져. 그리고 실제로 우울함에 큰 효과가 있어.
2. **충분한 수면을 취하기:** 잠이 부족하면 배우고 기억하는 능력에 나쁜 영향을 끼쳐. 오랜 기간 동안 제대로 잠을 자지 않으면 마치 술에 취한 것처럼 정신이 제 기능을 발휘하지 못하게 돼. 제대로 생각하고 행동하는 데에 어려움을 겪게 되지.
3. **잘 먹기:** 정크 푸드(탄산음료, 인스턴트식품, 에너지 드링크 등)를 많이 먹는 사람들이 우울한 경향이 있다는 연구 결과가 있어. 우리 몸이 받아들인 음식의 종류가 우리가 무엇을 경험하는지에 영향을 준다는 걸 알고 있니? 좋은 음식을 잘 챙겨 먹으면 더 행복해지고 체력도 좋아져.

4. **알아차리는 사람과 만나기:** 심호흡을 하면서 꽉 막힌 생각에서 벗어나자. 주변을 둘러보고 소소한 일상에서 좋은 점을 찾아내자.
5. **다른 사람과 잘 지내고 선행을 베풀기:** 작은 행동이라도 괜찮으니 한 번 해 보자. 슬픔이나 우울함을 벗어나는 데에 도움이 될 거야.

활력을 주는 일을 떠올리기

기운이 빠지고 영원히 기쁘지 않을 것 같은 생각이 들더라도 삶은 언제나 변화하며 우울한 감정도 언젠가는 지나가. 너는 행복하게 지내기를 선택할 수 있어.

짧게라도 네가 좋아하거나 네게 활력을 주는 것들을 생각해 봐. 아래 빈칸에 네게 가치 있는 네 가지를 적어 보자. 음악, 그림, 파란 하늘, 엄마와 함께 요리하기, 지난 여행 등 크고 작은 것에 대하여 쓰면 돼. 그리고 그것을 모아 하나의 문장으로 써 봐. 예를 들어, '나는 컴퓨터에 저장한 좋은 영화와 따뜻한 코코아 한 잔, 그리고 눈이 오는 것을 좋아한다.'라고 쓰는 거야.

네가 쓴 활력 넘치는 문장을 한번 봐. 이 문장대로 하면 기분이 어떨까?
눈앞의 어려움 때문에 그저 막막하다면, 일상에서의 작은 변화가 더 큰 변화를 위한 시작이 될 수 있다는 점을 기억하자. 지금 당장 작은 행동부터 시작할 수 있어.

조언하는 사람에 대하여 판단하기

기분이 좋지 않을 때 네 마음속 조언하는 사람의 목소리는 매우 부정적일 수 있어. 하지만 우리는 조언하는 사람의 말을 전부 들을 필요가 없다는 것을 앞에서 이미 배웠어.

- 삶이 힘들다고 말한다.
- 어떤 일을 할 때 예상되는 위험에 대하여 생각한다.
- 저 사람과 가까이 해도 되는지 판단한다.

조언하는 사람은 이런 일을 할 수 있어. 생각하고, 걱정하고, 계획하고, 예측하며, 위험을 찾고 안전을 지키기 위하여 "너무 힘들다.", "할 수 없다."와 같은 말을 자주 하지. 이런 말을 늘 듣는다면 숨어 지내느라 아무것도 할 수 없을 거야. 하지만 현실에서 실제로 초콜릿을 먹고 춤을 추고 눈덩이를 던질 수 있는 사람은 바로 너야.

조언하는 사람의 목소리가 들려올 때 아래를 기억하자.

- 조언하는 사람의 역할은 문제를 찾는 것이다. 하지만 그는 때때로 잘못된 예측을 한다.
- 자기 자신과의 대화는 늘 도움이 된다. 자기 자신에게 어떤 말을 들려주어야 할까?

잃어버린 즐거움을 되찾기

이쯤에서 '그래, 뭐든 한번 해 보겠어.'라는 생각이 들면 발견하는 사람과 만나야 할 때야.

1단계: 지난 몇 년 동안 일어난 사건 다섯 가지를 써 봐. 지금은 어떤 의미가 있는지 몰라도 좋아. 그냥 한번 써 보자.

2단계: 몇 분 동안, 휴대폰이나 컴퓨터에 저장된 최근 사진들을 훑어봐. 네 모습을 찍은 사진도 좋고, 네가 좋아하는 장소를 찍은 사진도 괜찮아. 최근 몇 주 동안의 사진만 살펴보고, 그 이전의 사진은 보지 말자. 잠깐이지만 사진에 온전히 몰두하여 즐겨 봐. 사진들을 친구와 함께 보고 있다고 상상해 보자.

- 사진을 보는 동안 네게 무슨 일이 일어났니?

- 너를 미소 짓게 했던 사건이 담긴 사진이 있니? 어떤 일이었니?

- 친구와 가족 등과 함께했던 순간을 보여 주는 사진이 있니?

- 너의 열정, 관심사, 하고 싶은 일을 담고 있는 사진이 있니?

3단계: 이제 1단계와 2단계를 비교해 보자. 어떤 차이가 있니?

1단계에서는 보통 내면의 조언하는 사람이 '중요한' 사건을 떠올렸을 거야. 하지만 다시 잘 보면 '중요한' 사건이라고 따로 언급하지 않았어. 그래서 처음에 네가 쓴 다섯 가지 사건에는 어제 먹은 맛있는 아이스크림이나 영화 볼 때의 즐거움같이 소소한 것은 아마 포함되지 않았을 거야. 그게 나쁘다는 뜻은 아니야. 대부분 그렇게 하기 마련이니까.

2단계에서는 아마 발견하는 사람이 나섰을 거야. 생각만으로 그 순간을 떠올리지 않고 사진을 직접 보면서 그때 네가 즐거워했다는 사실을 알게 되지 않았니? 1단계에서와 달리 맛있는 간식을 먹거나 재미있는 영화를 보는 것처럼 소소한 일들을 떠올리고 즐거워했을 거야.

1단계와 2단계 사이의 차이가 매우 중요해. 조언하는 사람의 일은 잘못될 가능성을 떠올리는 것이고, 발견하는 사람의 일은 직접 경험하고 참여하는 거야. 어떠니? 실제로 경험할 때 더 활력이 넘치는 것 같지 않니?

마음을 가볍게 하는 일

날마다 호기심이 충만한 삶이면 참 좋을 거야. 그런 삶을 살려면 어떻게 해야 할까? 그 답을 찾기 위해 무거운 바위를 들고서 언덕을 올라가는 것처럼 무겁고 힘든 일과, 마치 지구의 중력을 벗어난 것처럼 가볍게 할 수 있는 일을 구분해 보려고 해.

● 화강암처럼 무거운 일
이 일을 하면 무거운 바위를 끌고 다니는 것처럼 느껴진다. 스스로를 모욕하거나, 정크 푸드를 먹거나, 가족과 싸우는 일도 여기에 들어간다. 어떤 일을 하거나 마치고 나서 마음이 무겁다면 무거운 일이 맞다.

● 공기처럼 가벼운 일
이 일을 하면 마치 두 발에 스프링이 달린 것처럼 기분이 들뜨고 마음이 가볍다. 재미있는 영상을 보거나, 친구와 문자를 주고받거나, 햇볕을 쬐거나, 좋아하는 음악을 듣거나, 누군가를 도운 일도 여기에 들어간다. 어떤 일을 하거나 마치고 나서 마음이 가볍다면 가벼운 일이 맞다.

어떤 일이 무거운지 가벼운지 판단하기 위해 뒷장의 표를 활용해 봐. 예시를 보고 빈칸에 적어 보자.

	하기 전	화강암(무거운)	공기(가벼운)	하고 나서
판단하려는 행동	기분을 1~10으로 표현해 보자.	이 일을 하면 하루가 무거워질 것 같다.	이 일을 하면 하루가 가벼워질 것 같다.	기분을 1~10으로 표현해 보자.

예시				
좋아하는 노래 듣기	6=평소보다 조금 우울하다.		V	5=괜찮은 기분이다.
자신을 비난하기	5=괜찮은 기분이다.	V		9=두렵다.

어떤 일이 너에게 활력을 주고 가치 있었니? 오늘 가볍게 느낀 한두 가지 일이 있었다면 감사하는 마음을 담아 일기를 써 보면 어떨까? 화강암 같은 일을 무조건 피하라는 건 아니야. 네게 선택할 수 있는 힘이 있다는 것을 알려 주기 위한 활동이었어.

우울할 때에도 그 기분이 지나갈 때까지 자기 자신을 돕는 선택을 할 수 있어. 무엇이 가치 있고 즐거움과 에너지를 주는 일인지는 아무도 대신 알려 주지 않아. 스스로 이런저런 일을 시도해 보고 자신에게 어떤 변화가 일어나는지 살펴봐야 해.

나의 삶을 나답게 이끄는 비결

마음을 따라가기

아무리 슬퍼도 네 마음속에 빛이 있다는 것을 기억해. 어떤 사람들은 그 빛을 묻어 버린 채 살아가지만, 너는 아니야. 네게는 여러 감정을 느끼면서 의미 있는 삶을 선택할 용기가 있어.

변화를 받아들이고 잘 대처하기

네가 원하는 가치 있는 삶을 살아가려면 변하는 것과 변하지 않는 것 사이에서 균형을 잡아야 해. 때로 상황이 빨리 변하지 않는 것 같아 답답할 수도 있고, 변화가 일어나면 그 전으로 시간을 되돌리고 싶은 순간도 있을 거야. 언제든 잠시 멈추고 심호흡을 하고 차분히 상황을 바라봐. 할 수 있어. 언젠가는 슬픔이 지나갈 거야.

유연해지기

- **발견하는 사람과 만나기:** 어떤 일을 하면 활력이 생기는지, 어떤 일이 너를 힘들게 하는지 잘 살펴봐. 하루를 마무리할 때는 네게 힘을 준 일에 대하여 감사하는 글을 써 보자.
- **알아차리는 사람과 만나기:** 강한 감정을 느낄 때는 심호흡을 해 봐. 천천히 여러 번 숨을 내쉬면서 몸에서 느껴지는 감각에 집중해 보자. 보고, 듣고, 만질 수 있는 것들에 대하여 말해 보자. 그리고 자신을 돌보기 위하여 좋은 음식을 섭취하고 잠을 충분히 자고 꾸준히 운동하자.
- **조언하는 사람과 만나기:** 네 안의 조언하는 사람이 비판적인 말을 할 때, 그 말을 들을지 말지를 선택할 수 있다는 것을 기억해.
- **자기 관점으로 보기:** 너는 계속 변하고 있어. 네 안에는 조언하는 사람, 알아차리는 사람, 발견하는 사람이 모두 존재해. 다양한 관점과 넓은 시야로 상황을 보고, 어떤 행동을 할지를 선택하자.
- **사회적 관점으로 보기:** 사소하더라도 다른 사람을 위해 좋은 일을 해 봐. 사람들과 연결될수록 슬픔은 더 빨리 지나갈 거야.

나쁜 경험을 극복하기

네가 만약 이렇다면
상처를 받아서 두렵거나 안전하지 않다고 느낀다.
상처를 주는 것에 대하여 계속 생각한다.
과거에 겪은 사건에 여전히 강한 감정을 느낀다.
그 사건 때문에 자기 자신에게 못되게 군다.

이런 걸 배울 거야
막막함을 느끼는 이유
상처를 다루고 강해지는 방법
강한 감정에 대처하는 방법
자기 자비를 실천하는 방법

▦ 누구에게나 나쁜 경험이 있어. 네가 만약 나쁜 일을 겪고 있다면 이 내용이 도움이 되기를 바랄게.

- 부모님과의 헤어짐이나 부모님의 이혼
- 학교 폭력
- 사람들 앞에서 굴욕감이나 당혹감을 느낀 일
- 믿었던 사람의 배신
- 따돌림을 당하거나 거절당한 일
- 연령, 성별, 인종 또는 외모에 따른 차별
- 무관심과 방치
- 만성 질환
- 불행한 사고
- 구타나 폭행
- 가족에게 생긴 비극
- 가까운 사람의 죽음
- 신체적 또는 정신적 학대

이런 일들은 마음에 상처를 입히고 자기 자신을 믿을 수 없게 만들어. 강렬한 감정에 시달리고 위험에 대처할 수 없다고 느끼게 하지. 이런 일을 겪으면 잠도 잘 못 자고 짜증이나 화를 자주 내기도 해. 정신적 충격을 받았기 때문인데 이런 것을 '트라우마'라고 해.

트라우마를 겪게 되면 내게만 일어나는 특별한 일인 것처럼 느껴질 수도 있지만 그렇지 않아. 트라우마를 겪는 사람은 꽤 많아.

다행스럽게도 과거에 나쁜 경험을 했더라도 잘 딛고 일어설 수 있어. 그리고 더 나은 삶을 누릴 수 있어. 이제부터 과거의 상처에서 벗어나 성장하는 방법에 대해 알아보자. 그러기 위해서는 무엇보다도 자신을 탓하거나 스스로 상처를 입히는 일을 하지 말아야 해. 다음 두 가지를 꼭 기억하자.

- 누군가에게 상처를 입는 일이 벌어져도 그게 너의 잘못은 아니다.
- 다른 사람과 상관없이 너는 네가 바라는 사람으로 성장할 수 있다.

위험을 딛고 생존한 동물은 더욱 강해져. 인간도 마찬가지야. 힘든 시기를 보낼 때마다 조금씩 더 강해지지. 힘든 경험을 통하여 더 강하고 현명해져서 가치 있는 삶을 살 수 있어.

나쁜 경험에 갇혀 있는 이유

위험에 직면하면 우리 몸과 마음은 온 힘을 다하여 우리를 지키려고 노력해. 우리 안의 알아차리는 사람과 조언하는 사람은 위험을 감지하고, 경계 태세에 돌입하여 우리에게 경고를 보내. 발견하는 사람은 위험에 맞서거나 안전한 곳으로 가거나 빠르게 반응할 수 있는 방법을 알려 주지. 이런 일을 한번 겪고 나면 나중에 위험이 사라지더라도 긴장이 풀리지 않아. 위험을 피하거나 싸워야 한다는 생각에 사로잡히고 스트레스를 받아. 나쁜 경험은 우리 머릿속에서 되풀이될 수 있기 때문이야.

나쁜 경험에서 벗어나려면 자신을 정말로 보호해야 할 때만 경계 태세에 들어가고, 그래야 할 필요가 없을 때는 스트레스를 받지 않고 재미있게 살아야 해. 그럴 수 있는 방법을 익히면 시간이 지나면서 너의 감정과 생각이 너의 적이 아니라는 사실을 알게 될 거야.

실수에 대하여 생각하기

힘들었던 경험을 어떻게 극복하고 성장할 수 있는지 이해하기 위해 두 가지를 해 볼게.

먼저, 예전에는 정말 부끄러웠지만 지금은 별문제가 되지 않는 일을 떠올려 봐. 아래처럼 말이야.

- 단어나 표현을 잘못 발음하거나 사용하여 사람들이 웃은 일
- 자리에 어울리지 않는 옷을 입은 일
- 적합하지 않은 말을 해서 후회한 일
- 손을 들고는 틀린 답을 말한 일

이번에는 다른 사람이 알아차렸던 너의 소소한 실수를 한 가지 떠올려 봐. 다시 그 자리에 있다고 상상하고 아래 질문에 답해 보자.

- 그때 몸에서 무슨 일이 일어났니?
- 어떤 느낌이 들었니? 너 자신을 보잘것없는 존재라고 여겼니?
- 자기 자신에게 어떤 조언을 했니?
- 너 자신에게 바보 같다거나 가치 없는 사람이라고 말했니?
- 그때 어떤 일을 했니? 혹시 그 상황을 피하고 싶어서 그냥 머릿속에서 지워 버렸니?

- 자기 자신이 부끄럽고 어리석다고 생각했니?
- 네 마음속 조언하는 사람이 그런 어리석은 짓은 절대 다시 하지 말라고 말했니?
- 앞으로는 그런 멍청한 짓을 하지 않겠다고 다짐하면서 수치심을 느꼈니?

대부분의 사람이 이런 것들을 느끼고 생각해. 문제는 그 수치심을 삶의 다른 부분으로 가져갈 때 생겨. 실수할까 봐 다시는 편하게 농담하기를 그만두거나, 학교에서 손을 들지 않게 되었다면 좋지 않아. 실수하지 않으면 아무것도 배울 수 없기 때문이야.

마음을 열고 더욱 단단해지기

자신의 생각과 감정을 계속 피하기만 하는 사람은 고통에서 벗어날 수 없어. 마음을 열고 생각을 바꿔야 성장하는 법을 배울 수 있지. 과거에 있었던 일 때문에 겁이 나거나 상처를 받아 괴롭다면 아래와 같이 해 봐. 강렬한 감정을 마주하고 나쁜 기억에서 벗어나도록 도와줄 거야. 그 기억을 가진 채로도 멋지게 살 수 있다는 사실도 깨닫게 될 거야.

- **심호흡하기**: 호흡은 우리 몸을 깨우는 열쇠야.
- **관찰하기**: 떠오르는 생각과 감정을 차분히 관찰해 봐.
- **이름 붙이기**: 떠오른 생각과 감정을 말로 설명해 봐. 생각이나 감정에 이름을 붙여도 좋아.
- **선택하기**: 네게 도움이 되고 네가 강해질 수 있도록 좋은 에너지를 주는 행동이 무엇인지 선택해 봐.
- **시야를 넓히기**: 네가 이 사건을 극복할 수 있음을 믿고, 더 넓은 시각으로 자신의 모습을 바라봐. 기억과 경험은 너의 일부일 뿐이야. 너는 그보다 더 큰 존재야.

> 친구의 시각으로 자신을 다독이기

너는 네가 느끼는 감정보다도 큰 존재야. 어떤 감정도 두려워 말고 그냥 두어도 돼. 대신에 네가 어떻게 반응하는지 살펴봐.

당황스럽고 창피하면 어떤 느낌이 드니?

이상한	흠이 있는	곤란한
추한	쓸모없는	노출된
괴로운	멍청한	후회스러운

만약 네 친구가 이렇게 느끼고 있다면 그 친구가 어때 보일까? 친구에게 무슨 말을 해 줄래? 어떻게 도와주어야 할까?

아래에 친구에게 해 줄 말을 한번 써 봐.

이제 역할을 바꾸어 보자. 너를 정말 아끼고 너를 위해 최선을 다하는 사람을 떠올려 봐. 아마도 친한 친구나 가족이겠지? 네가 난처한 일을 겪고 있을 때 그 사람들은 네게 뭐라고 할까?

다음에 또 다시 상처를 받거나 창피한 일을 겪는다면 친구의 시각으로 너를 바라보도록 노력해 봐. 친구가 네게 해 줄 수 있는 말, 네게 베풀 수 있는 친절한 행동을 너 자신에게 하는 거야. 이런 걸 '자기 자비'라고 해.

그리 어렵지 않아. 너 자신을 좀 더 부드럽게 대하면 돼. 자기 자신과 가장 친구가 되어 '사람들이 너를 나쁘게 대할 수도 있지만, 그건 네 잘못이 아니야.'라고 말해 주자.

> 자기 자비의 태도를 기르기

1. 조언하는 사람과 함께하기: 아래에 대하여 써 보자. 정확하지 않아도 괜찮으니 한번 써 봐.

- 어렸을 때 자신에게 들려주었던 좋은 말
- 지금 자신에게 들려주고 싶은 좋은 말
- 네 살이었을 때 풀 수 있었던 수학 문제
- 지금 풀 수 있는 수학 문제
- 오십 살이 되었을 때 자신에게 들려줄 수도 있는 나쁜 말
- 지금 자신에게 들려주는 나쁜 말

2. 알아차리는 사람과 함께하기: 아래에 대하여 간단한 그림을 그려 보자. 간단한 도형이나 이모티콘도 상관없어. 단어나 문장이 아니라 그림으로 표현해 보자.

- 피곤할 때의 기분
- 팔십 살이 되었을 때의 기분
- 지금 보고 싶은 것 다섯 가지
- 팔십 살이 되었을 때 보고 싶을 만한 것 다섯 가지
- 슬플 때의 나의 모습
- 스물다섯 살이 되었을 때의 슬픈 나의 모습

3. 발견하는 사람과 함께하기: 아래에 대하여 단어나 문장이 아니라 그림으로 표현해 보자.

- 지금 하고 싶은 운동
- 3학년 때 좋아했던 운동
- 스물다섯 살이 되었을 때 좋아할 만한 운동
- 3학년 때 화가 나서 했던 행동(예: 소리 지르기, 때리기)
- 지금 자신에게 화가 나서 하는 행동(예: 무언가 던지기)
- 스물다섯 살이 되었을 때 자신에게 화가 나서 할 만한 행동

4. 자신에게 가치 있는 것 찾기: 네 살이었을 때 좋아했던 것, 여덟 살이었을 때 좋아했던 것, 지금 좋아하는 것, 팔십 살이 되었을 때 좋아할 만한 것에 대하여 써 봐.

_____
_____
_____
_____
_____
_____
_____

　지금까지 쓴 모든 것을 찬찬히 살펴봐. 어느 부분이 너인지 알 수 있겠니?

　너는 네가 하는 생각 자체가 아니야. 그 생각들은 너의 일부일 뿐이고, 언제나 변해. 또한 너는 네가 느끼는 나쁜 감정 자체가 아니야. 그 감정들은 너의 일부일 뿐이고 감정도 언제나 변해. 지금의 너와 네 살인 너는 슬픔에 다르게 반응해. 우리가 경험하는 사랑도 늘 변해. 우리는 언제든 다른 선택을 할 수 있어.

　인간은 늘 변하고 성장해. 뒤로 물러서서 더 크게 바라보면 너는 네게 일어난 나쁜 일보다 큰 존재야. 네가 원하는 삶을 살아가는 데에 필요한 것들을 지금부터 얼마든지 배울 수 있어.

나의 삶을 나답게 이끄는 비결

마음을 따라가기

상처를 받거나 두려움을 느끼거나 안전하지 않다고 느낀다고 해서 자신을 비난할 필요는 없어. 나쁜 경험을 했더라도 너는 망가지지 않았어. 다른 사람들처럼 너는 사랑받고 재미있게 살아갈 자격이 있어. 다른 사람을 사랑하는 법도 배울 수 있어. 용기를 내어 정성껏 살아가면 과거에 받은 상처를 넘어서서 좋은 삶을 누릴 수 있을 거야.

변화를 받아들이고 잘 대처하기

자기 스스로 느끼지 않으면 변화할 수 없어. 상처 받은 감정을 차단하려고만 들면, 오히려 나쁜 기억에 갇히게 돼. 그러면 앞으로 나아갈 수 없어. 스트레스를 주고 신경이 쓰이게 하고 겁을 먹게 만드는, 힘들었던 경험을 인정하고 받아들이자. 이런 경험을 한 뒤에 두려움을 느끼고 이에 반응하는 것은 지극히 정상이야. 네게는 아무 문제가 없어. 강렬한 감정이 언젠가는 사라지도록 내버려 두자.

유연해지기

자기 자신을 넓게 바라보고 자신에게 일어난 일과 감정을 표현하는 연습을 해 보자. 자신에게 가치 있는 것을 기준으로 좋은 행동을 선택하자.

살면서 겪는 나쁜 일을 모두 피할 수는 없지만, 너 자신이 네게 일어난 나쁜 일보다 더 큰 존재이며 충분히 그 일을 딛고 성장할 수 있다는 사실을 믿자.

- **자기 관점으로 보기:** 너는 친절한 대접을 받을 자격이 있어. 친구의 시선으로 친절하게 자신을 바라보는 연습을 해 봐.
- **사회적 관점으로 보기:** 네 삶에 좋은 사람들이 들어오지 못하도록 막지 말자. 도움이 필요하다면 부모님이나 학교 선생님 혹은 신뢰할 만한 어른에게 도움을 청하자.

과도한
온라인 생활에서
벗어나기

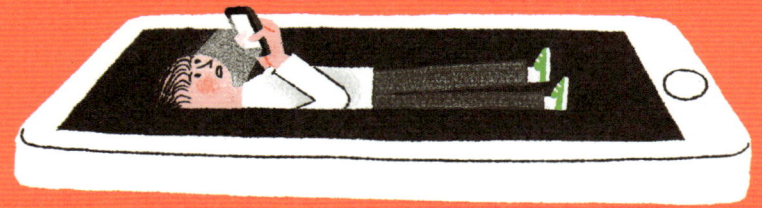

네가 만약 이렇다면

온라인상에서 많은 시간을 보낸다.
온라인상에서의 시간이 항상 즐겁지는 않다.
친구와의 연결이 끊어질까 봐 핸드폰을 계속 확인한다.
게임을 할 때 화가 나거나 결과에 집착한다.

이런 걸 배울 거야

올바르게 온라인 생활을 하는 법
온라인 생활과 습관의 관계
핸드폰 사용 시간을 줄이는 법
온라인 생활 습관을 바꾸는 법

▦ "핸드폰 좀 그만 봐라." 이런 말을 자주 듣는 편이니? 그래, 너희에게 온라인 공간이 중요하단 걸 알아. 그렇게 쉽게 핸드폰을 손에서 놓을 수는 없지. 온라인 공간에 접속해야 다른 사람들과 어울릴 수 있고, 게임도 하고 무슨 일이 벌어지는지 놓치지 않을 테니까. 무엇보다 즐겁잖아. 그래서 그렇게 계속 핸드폰을 들여다본다는 걸 알아.

그런데 온라인 공간은 때로 아주 해로울 수도, 오히려 너를 번거롭게 할 수도 있어. 여기에서는 네가 온라인 생활을 잘하고 있는지 판단하는 법과 좋은 선택을 할 수 있도록 돕는 법을 다루려고 해.

현실과는 다른 온라인 공간

인간은 기쁨과 슬픔, 다른 사람과의 연결과 외로움을 모두 경험해. 현실에서 우리 삶은 좋은 점도 있고, 나쁜 점도 있어. 하지만 소셜 미디어는 이러한 현실을 보여 주지 않아. 그 안에서 사람들은 대부분 재미있게 지내며, 놀라운 일을 성취하곤 해. 모두의 삶이 멋져 보이지. 하지만 이게 정말 현실일까? 사람들은 자신에게 어려움이 닥쳤을 때는 게시물을 올리지 않아. 소셜 미디어 속에서 현실과는 다른 왜곡된 세상이 펼쳐지는 건 바로 그래서야.

이런 왜곡된 세상을 보았을 때 우리 속의 조언하는 사람은 이렇게 말할지도 몰라. "왜 모두 나보다 뭐든 뛰어날까? 다들 예쁘고 잘생겼는데 왜 나만 이렇게 생겼을까? 난 혼자 집에 있는데 다들 모여서 재미있게 노는 것 같아. 다들 저렇게 멋지게 살고 있는데 왜 나만 혼자 초라하게 지내는 걸까?" 마치 스팸 문자처럼 이런 메시지를 계속 받으면 너는 자기 자신을 끊임없이 다른 사람과 비교하게 돼. 얼마 안 가서 슬픔과 외로움과 실패를 두려워하는 마음에 휩싸였다는 것을 알아차리게 될 거야. 하지만 너는 아무 잘못이 없어. 온라인 공간을 마주 대했을 때 누구에게나 있을 법한 자연스러운 반응을 보인 것뿐이야.

세상에는 낮은 곳도 있고 높은 곳도 있다. 우리는 누구나 때때로 불행하다.

사랑받고 싶은 마음 때문에 두려움이 생긴다. 우리는 때때로 혼자가 될까 봐 두려워한다.

우리는 모두 행복하기를 원한다.

우리는 모두 사랑받기를 원한다.

온라인 밖 현실 세계

온라인 속 왜곡된 세상

행복할 때 게시물을 많이 올린다.

다른 사람들의 관심을 받을 때 게시물을 많이 올린다.

마치 이 세상에 높은 곳만 있는 것처럼 보인다. 불행할 때는 게시물을 거의 올리지 않기 때문이다.

다들 사람들과 잘 어울리는 것처럼 보인다. 외롭거나 슬프거나 두려울 때는 게시물을 거의 올리지 않기 때문이다.

자신의 현실과 온라인 속 사람들의 삶을 비교하면, 다른 사람들의 삶이 자신의 삶보다 훨씬 더 좋아 보이는게 당연해. 그런 식으로 비교하면 불행하고 외로워질 수밖에 없어.

또한 온라인상에는 기분 좋은 글과 멋진 포즈를 취한 사진만 존재할 뿐 현실에서와 같은 깊은 공감이나 진심에서 우러나오는 친절은 존재하지 않아. 친구가 네 앞에서 울고 있을 때 그 친구를 더 행복해 보이는 다른 사람으로 바꾸려고 할까? 현실에서는 그렇게 하지 않아. 하지만 온라인에서는 달라. 누군가 괴로워하고 있는 모습을 보면 재빨리 행복해 보이는 다른 친구의 모습으로 화면을 옮길 거야. 그건 우리가 살아가는 현실에서의 실제 삶을 회피하는 것과 같아. 현실은 불안하고 슬프고 우울한 것이기도 해. 어쩔 수 없이 그게 바로 우리 삶이야.

온라인상에 게시물을 올리기 전에 생각하기

- 이 게시물이 내가 되고 싶은 사람이 되는 데에 도움이 될까?
- 사람들이 바로 내 앞에 서 있을 때에도, 내가 이런 말을 할 수 있을까?
- 이렇게 하면 현실에서 기분이 나아지고 힘이 날까?
- 이렇게 하면 내가 관심 있는 사람들과 잘 지내는 데에 도움이 될까?

위 질문에 대한 대답이 대부분 "예."라면, 온라인 생활이 현실에서의 삶을 더욱 좋게 만들고 있다고 봐도 좋아. 앞으로도 이대로 계속하면 돼.

하지만 대답이 "아니요."라면, 변화가 필요해.

전자 기기에 갇히는 이유

온라인 생활이 너를 어떻게 길들이는지 알아볼게. 이건 심리학이자, 과학이야. 대부분의 온라인 사이트 혹은 애플리케이션, 게임 및 소셜 미디어는 사용자의 관심을 끌어서 계속 참여하도록 설계되어 있어. 다시 말하자면 네가 여기에 중독되도록 세심하게 설계되어 있다는 뜻이야. 그래야 그들에게 이익을 가져다주기 때문이지.

그렇다면 온라인 사이트 제작자들은 어떻게 그런 방법을 알게 되었을까? 심리학자 스키너는 상자 안에 든 쥐가 버튼을 누르면 먹이를 주어서 쥐가 먹이를 얻는 법을 익히게 했어. 쥐는 배가 고프면 버튼을 많이 누르고, 배가 차면 버튼을 누르지 않겠지. 그런데 여기서 스키너는 중요한 것을 발견했어. 쥐가 버튼을 누를 때 가끔은 무작위로 먹이를 아주 조금만 주었더니 쥐는 멈추지 않고 버튼을 계속 눌렀어. 먹이가 충분하지 않다고 여기고, 먹이를 얻을 수 있을 거라는 희망에서 계속 버튼을 누른 거야.

온라인 세상에서 사용하는 원리가 이와 비슷해. 핸드폰을 집어 들고서 '아, 메시지가 왔어.'라면서 좋아하면 이때 사회적 욕구가 충족될 거야. 이러한 행동이 화학 물질(도파민)을 분비시켜 뇌의 쾌락 중추를 자극해. 초콜릿이나 다른 중독성 물질을 먹고 짜릿함을 느낄 때와 같아.

기분 좋은 그 순간을 원하기 때문에 다시, 또다시, 또 또다시 핸드폰을 확인하게 돼. 또한 메시지가 언제 올지 알 수 없기 때문에 반복해서 자주 확인하게 돼. 메시지가 없으면 확인하고 싶은 욕구가 더 커져. 확인하는 횟수가 더 늘어나. 결국 깨어 있는 순간부터 잠들 때까지 항상 핸드폰을 확인하게 돼. 잠을 잘 때조차 즉시 확인할 수 있도록 베개 밑에 핸드폰을 놓아 두지. 쥐와 똑같이 행동하는 거야.

게임도 비슷해. 집에 가서 게임할 수 있을 때까지 못 기다리겠다고 느낀 적이 있니? 아니면 부모님이 게임을 못 하게 할까 봐 불안한 적이 있지 않니? 저녁 식사 자리에서 게임이 하고 싶어서 엉덩이가 들썩인 적은? 아마 마음속으로 네가 가장 높은 점수를 얻었는지, 아니면 누군가 네 자리를 빼앗은 건 아닌지를 계속 생각할 거야. 다시 로그인해야 이 불안한 느낌이 사라진다는 것을 알아챘니? 만약 그렇다면, 그건 네가 게임에 푹 빠졌다는 신호야.

인터넷 중독인지 확인하기

☐ 너무 많은 시간을 핸드폰이나 컴퓨터를 사용하는 데에 쓴다. 멈출 수가 없다.
☐ 인터넷을 더 많이 사용하고 싶은 충동을 느낀다. 그래서 일상생활이나 인간관계에 지장이 있다.
☐ 다른 사람들이 인터넷에 너무 자주 접속하지 말라고 말한다.
☐ 부정적인 감정이나 개인적인 문제에서 벗어나기 위해 인터넷에 접속한다.
☐ 인터넷 사용 시간을 숨기려고 가족이나 다른 사람에게 거짓말을 한다.
☐ 인터넷 사용 시간이 길어서 좋은 기회를 잃거나 성적이 하락했다.

하나 이상의 문장에 그렇다고 체크했다면, 온라인 생활이 실제 생활을 침범하고 있다는 신호야. 이제 변해야 할 때가 되었다는 뜻이기도 해. 둘 사이에서 균형을 잡는 방법을 알아보자.

온라인 생활 습관을 점검하기

인터넷 사용 시간을 줄이는 데에는 최소 몇 주가 걸려. 천천히 온라인 생활에 빠져들었듯 나오는 데에도 그만큼의 시간이 필요해.

다음 질문을 읽고 빈칸에 답을 써 봐. 답을 하는 과정에서 무엇을 해야 할지 어떻게 계획을 세워야 할지 실마리를 찾을 수 있을 거야. 답을 다 적은 다음에는 잊지 않도록 사진을 찍거나 메모하여 잘 보이는 장소에 두자. 핸드폰이나 컴퓨터 바탕 화면으로 쓰는 것도 좋은 방법이야.

◉ 온라인상에서 어떤 행동을 줄이고 싶니?

◉ 이 행동을 줄이면, 무엇을 얻게 될까? (예: 다른 일을 할 수 있는 더 많은 시간, 재미있는 일, 다른 사람을 질투하는 마음이나 지나친 자기 비판의 감소, 피곤함의 감소)

- 이 행동을 줄이면 무엇을 잃게 될까? (예: 최신 소식, 중요해 보이는 행사, 순간의 재미)

- 온라인 생활을 하면서 어떤 의미 있는 일들을 할 수 있을까?

> 습관의 고리를 이해하기

습관을 바꾸려면 먼저 무엇이 습관을 만드는지 알아야 해. 모든 습관은 '신호-반복 행동-결과'로 이루어져 있어. 이 세 가지가 연결되어서 순환하면 '습관의 고리'가 생겨. 아래의 예시처럼 말이야.

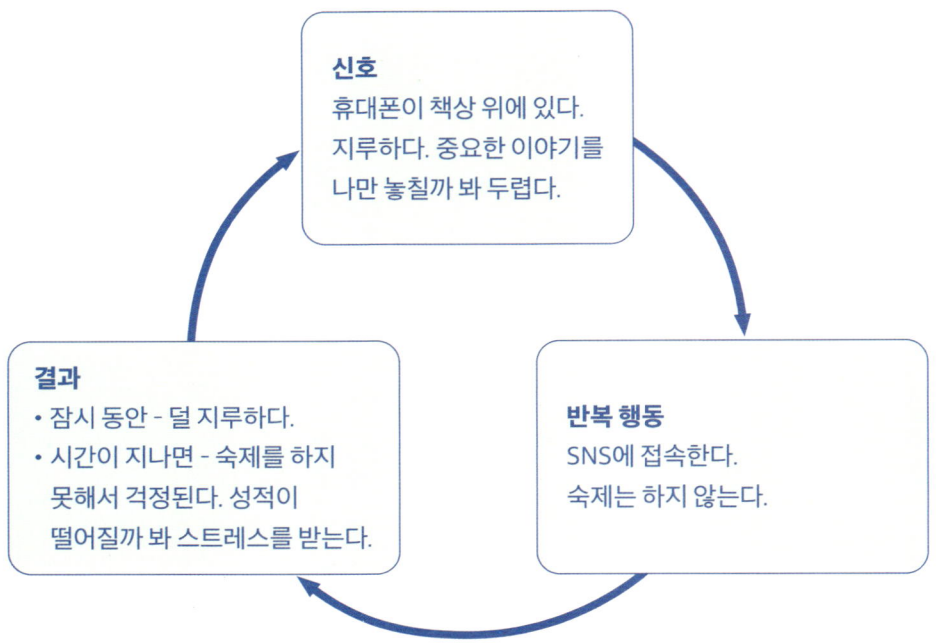

습관의 고리를 깨려면 '신호'와 '반복 행동'을 바꾸어야 해.

> **1단계: 신호를 없애기**

무엇이든 온라인에 접속하기 위한 신호가 될 수 있어. 컴퓨터나 휴대폰의 이미지, 애플리케이션의 알림 소리, 지루함이나 스트레스에서 벗어나고 싶은 욕구처럼 아주 간단한 것들이야. 온라인에 접속하기 직전에 무슨 일을 했는지 떠올려 봐. 하루 중 어느 시간대에 그 일을 자주 하게 되니? 무엇이 신호인지 깨달았다면 이제 그 힘을 없애는 방법을 알아보자. 신호의 힘을 없애는 가장 쉬운 방법은 환경을 바꾸는 거야.

- 물리적으로 거리를 둔다. 예를 들어 핸드폰을 잘 보이지 않는 곳에 넣어 둔다.
- 애플리케이션이나 핸드폰 설정을 이용하여 사용 시간을 제한한다.
- 너무 많이 사용하거나, 반대로 별 재미도 쓸모도 없는 애플리케이션은 삭제한다.

신호의 유혹에 흔들리지 않는 환경을 만들려면 또 어떤 방법이 있을까?

2단계: 스스로 규칙을 만들기

스스로 온라인 생활 규칙을 만들어서 신호를 관리해 보자. SNS에 접속하면 30분간만 보겠다거나, 아침 식사 전이나 방과 후 또는 침대에 누워서 잘 준비를 할 때는 접속하지 않겠다는 등 네 생활과 잘 맞고 무엇보다 스스로 지킬 수 있는 규칙을 만들어 봐. 이때는 네 안의 조언하는 사람의 도움을 받으면 좋아.

　네가 만든 온라인 생활 규칙을 한번 적어 보자. 이 규칙을 어떻게 하면 잘 기억할 수 있을까?

3단계: 신호의 힘을 제거하기

인터넷에 접속하고 싶은 충동을 느낄 때는 네 안의 알아차리는 사람과 함께하자. 충동에 즉시 반응하는 대신에 잠시 너 자신을 관찰하는 거야. 왜 지금 네가 인터넷에 접속하고 싶은지 살펴봐. 알아차리는 사람과 함께할 때는 심호흡이 도움이 돼. 천천히 심호흡하면서 충동을 느낀 지금 네 모습과 생각을 알아차려 보자. 그러면 안 된다고 충동을 무작정 통제하려 들지 말고 그냥 알아차리기만 하는 거야.

그다음에는 어떤 행동을 해야 하는지 선택하자. 변하고 싶고 그러기로 선택했다면, 변화를 위한 행동도 기꺼이 선택할 수 있어. 지금 온라인 활동을 하는 대신에 하고 싶은 다른 일이 있는지 생각해 보자. 충동을 느낄 때 반복했던 행동을 하는 대신, 그 일을 해 보는 거야.

가끔은 충동에 굴복할 수도 있어. 또다시 인터넷에 접속하더라도 낙담하지 말고 너와 잘 맞는 다른 활동을 계속 찾아 나가면 돼. 그러기 위해서 알아차리고, 멈추고, 기꺼이 선택하는 연습을 자주 하자.

4단계: 온라인상에서 관계 맺기

우리가 온라인 생활을 하는 이유 중 하나는 다른 사람들과 연결되고 소통하고 싶어서야. 이러한 바람을 충족시킬 수 있는 다른 활동이 또 있지 않을까? 온라인 생활 습관을 바로잡기 위하여 아래 질문들에 대하여 생각해 보자.

● 우리는 온라인 생활에서 무엇을 얻을까? 다른 사람과 관계를 맺기 위해서 온라인 생활이 필요하다면, 그 대신에 다른 어떤 방식으로 대화를 나눌 수 있을까?

● 온라인 생활이 진정한 우정을 방해할 수도 있을까? 언제 그럴까?

○ 네게 온라인 활동보다 더 소중한 것이 있는지, 무엇인지 생각해 보자.

○ 예전에는 반복했지만, 지금은 더 이상 하지 않는 행동이 있을까?

○ 온라인 생활과 관련하여 바꾸고 싶은 게 있을까? 무엇을 어떻게 바꾸고 싶니?

나의 삶을 나답게 이끄는 비결

마음을 따라가기

소셜 미디어나 게임으로 다른 사람과 소통하고 관계를 맺는 일이 나쁜 건 아니야. 하지만 현실에서 직접 활동하고, 그 순간을 느끼고, 자기 자신에게 도전하고, 얼굴을 마주 보며 사람들과 친하게 지내는 일은 앞으로의 네 삶을 위해 무척 중요해. 마음을 들여다보고 무엇이 정말 중요한지 고려하여 현명한 온라인 생활을 하자.

변화를 받아들이고 잘 대처하기

온라인 생활을 멈추면 다른 사람과 연결되고 새로운 것을 배울 기회를 놓칠 수 있고, 온라인 생활에만 빠져 있으면 현실에서의 성취나 살아 있는 관계를 놓칠 수 있어. 온라인과 오프라인 세계 사이를 유연하게 오고 갈 수 있도록 하자. 어느 한 세계에 갇히게 되면 가치 있는 무언가를 잃어버리게 돼.

유연해지기!

- **발견하는 사람과 함께하기:** 온라인 생활 습관을 바꾸려면 온라인 접속을 유도하는 신호의 힘을 약하게 만들고 그 뒤에 어떤 일이 일어나는지 확인해 봐. 어떤 효과가 있는지 살펴보고, 효과가 없으면 언제든 다른 시도를 할 수 있어. 왜 온라인 생활 습관을 바꾸려는지 이유를 적어 시선이 닿는 곳에 적어 두자.

- **알아차리는 사람과 함께하기:** 핸드폰을 켜기 전에 잠시 멈추고 지금 온라인에 접속하는 것이 정말 하고 싶은 일인지 생각해 봐. 알아차리고, 잠시 멈추고, 기꺼이 선택하자.

- **조언하는 사람과 함께하기:** 온라인상에서는 일상이 항상 좋아 보이지만, 실제 삶은 좋거나 나쁘고, 때로는 추할 수도 있어. 네 마음속 조언하는 사람이 너를 온라인 속의 누군가와 과도하게 비교하지 않도록 주의하자.

- **자기 관점으로 보기:** 온라인상에 빠져 있다고 해서 무조건 네게 문제가 있다는 뜻은 아니야. 너는 중독되거나 망가지지 않았어. 온라인 세계는 평범한 사람들이 빠져들도록 설계되었기 때문에 누구나 그 속에 빠질 수 있고, 또한 누구나 그 속에서 빠져나올 수 있어.

- **사회적 관점으로 보기:** 다른 사람과의 관계 맺기는 우리 인간에게 음식과 같아. 우리 모두 다른 사람과의 연결이 필요하지만, 모든 연결이 좋은 음식 같지는 않아. 건강에 좋은 것도 있지만, 일부는 정크 푸드와 같아. 온라인 세계가 어떤 면에서 진정한 관계 맺기를 돕고 활력을 주는지 생각해 보자. 어떤 면에서 나쁜지도 살펴봐. 온라인 세계는 중독성이 있고 자칫 잘못 빠져들면 우리를 지치게 하고 활력을 앗아 가. 다른 사람들의 셀카를 보느라 몇 시간씩 보내기보다는 온라인에서도 격려와 즐거움이 함께하는 진정한 관계를 맺는 방법에 대하여 고민해 보자.

진정한 자신감을
기르기

네가 만약 이렇다면
불안해서 하고 싶은 일을 잘 못한다.
불안함을 피하려고 위험을 감수하지 않는다.
마음속에서 자신을 비판하는 소리가 강해서 자주 패배감을 느낀다.
좋아하는 일을 시작하기 전에 자신감이 생기기를 기다린다.

이런 걸 배울 거야
자신감을 키우기 위한 4단계
비판을 받아도 다시 일어서는 법
자기비판을 딛고 중요한 일을 지속하는 방법
내면의 힘을 쌓는 방법
자신을 믿는 방법

▦ 세상 모든 것은 계속 변해. 자신감도 마찬가지야. 항상 자신감이 넘칠 수는 없어. 자기 자신이나 자신의 능력에 대해 항상 만족하기는 어려워. 누구나 실패하기도 하고 자신감을 상실할 때가 있어. 때로는 그런 게 도움이 되기도 해. 시험을 앞두고 자신감이 부족하면 공부를 더 해야겠다고 마음을 먹을 테니까.

문제는 자신감이 늘 부족할 때 생겨. 낮은 온도에 멈춰 버린 고장 난 온도계처럼 자신감이 늘 낮은 상태에 갇히면 좋은 기회를 놓치고 말아. 새로운 사람을 만나거나 원하는 일을 해내려고 노력하지 않아. 아예 시도조차 하지 않는 거야. 물론 자신감이 너무 높은 상태로 계속 지내는 것도 좋지는 않아. 그러면 자신을 중요한 사람이라고 여기고 모두가 자신을 우러러본다고 생각하게 돼. 그런 사람은 자기 이야기만 끝도 없이 늘어놓고 자신의 높은 자신감을 보호하려고 다른 사람을 공격하기도 해.

가장 좋은 건 유연한 자신감을 가지는 거야. 파도가 셀 때는 가라앉기도 하지만, 다시 수면 위로 떠오르는 부표처럼 말이지. 그게 바로 진정한 자신감이야.

비판하는 말이 미치는 영향

비판하는 말이 네게 어떤 영향을 미칠까? 특히 자기 스스로를 비판하는 말에는 더욱 감정적인 반응이 나타날 수 있어. 자신을 비판할 때 네가 느끼는 감정이 어느 정도인지 평가해 봐.

자신에게 이런 말을 할 때	느끼는 감정의 강도는				
	아무렇지 않다. ←--------------------→ 감정이 요동친다.				
나는 멍청하다.	1	2	3	4	5
나는 이상하다.	1	2	3	4	5
나는 못생겼다.	1	2	3	4	5
나는 뚱뚱하다.	1	2	3	4	5
나는 인기가 없다.	1	2	3	4	5
나는 나쁘다.	1	2	3	4	5
나는 실망스럽다.	1	2	3	4	5
나는 약하다.	1	2	3	4	5
나는 부족하다.	1	2	3	4	5

어떤 말에 강한 감정적인 반응이 나타났니? 사람들에게 이런 말을 들어 본 적이 있니? 너 스스로 자기 자신에게 이런 말을 한 적은 없니? 자신이 원하는 어떤 일을 잘 해내지 못하면 머릿속에 이런 말들이 떠오를 수 있어. 읽기조차 힘들 정도로 아픈 말일 거야. 네 안의 조언하는 사람이 이런 말을 계속 던진다면 너무 아파서 실제로 몸에 상처가 난 것처럼 느껴질지도 몰라.

1단계: 비판에 주저앉지 않기

그런데 비판을 받는다고 자신감이 바로 낮아지지는 않아. 진정한 자신감을 기르려면 비판과 마주해야 해. 비판을 받으면 앞에서 본 것처럼 고통을 느끼게 돼. 하지만 어찌 보면 비판은 그저 말이고 생각이야.

한 가지 실험을 해 볼게. 종이 한 장을 준비해서 그 위에 자신에 관한 가장 비판적인 생각을 써 봐. 그런 다음 종이에 쓰여 있는 자신의 생각을 한번 살펴 보자. 지금 그 생각을 손에 쥐고 있는 건 다름 아닌 너라는 사실을 깨닫게 될 거야. 그 생각이 너를 붙잡지 않아. 자기 자신에게 하는 충고를 들을 수도 무시할 수도 있는 것처럼, 스스로 비판하는 말을 들을 수도 무시할 수도 있어. 그렇게 할 수 있는 건 바로 너야. 너는 너를 비판하는 생각 이상의 존재야.

비판적인 생각을 쓴 그 종이를 한번 꾸며 봐. 그림을 그리고 색칠도 하고 만화를 그려도 좋아. 네가 했던 비판적인 생각에 어떤 변화가 생겼니? 그 생각이 조금은 힘을 잃었니? 그렇지 않았다 해도 괜찮아. 네가 어떤 생각을 하는지 알아차리고 그에 반응하지 않기 위한 연습을 해 본 거니까.

2단계: 중요하다고 생각하는 일을 계속하기

비판을 어떤 공간이라고 상상해 보자. 그럼 두 가지 선택을 할 수 있지. 거기에서 나오지 않고 계속 그 공간에 머물 수 있어. 자기 자신에게 말로 계속 상처를 입히거나 너를 자주 비난하는 사람들과 계속 어울리는 거야.(7장을 다시 읽어 봐.)

거기에 갇혀 있고 싶지 않으면 조금씩 그 공간에서 나오면 돼. 대신에 멈추지 않고 이동해야 해. 네가 중요하다고 여기는 일을 계속 해 나가다 보면 어느새 그 공간을 벗어나게 될 거야. 이제는 비판적인 사람들과 어울리는 것을 그만두어야 해. 네가 매일 비난받아야 할 이유가 없어.

만약 네가 어떤 일에 실패했다면 좋아하는 일을 하며 조금씩 비판에서 벗어나면 돼. '실패했다'는 건 어쩌면 머릿속의 생각에 불과할지도 몰라. 그냥 네 안의 조언하는 사람이 불쾌한 말을 하는 것뿐이라고 여겨야 해. 계속해서 행동하고 움직이면 그런 말은 언젠가는 사라져.

비판적인 생각이 그저 목소리라는 걸 알게 되었다면 이제 그 목소리를 듣고 어떻게 할지를 선택할 수 있어.

비판을 넘어서기

비판의 공간에서 벗어나려면 그 비판이 너를 규정하지 않는다는 걸 알아야 해. 비판이란 네가 가끔 들어갔다 나오곤 하는 공간일 뿐이야. 이제 그 공간으로 한번 들어가 볼까? 다시 나올 수 있으니 두려워하지 않아도 돼. 다음을 적어 봐.

나는 _____을 못한다.

떠오르는 대로 여러 문장을 쓰고, 한 문장을 완성할 때마다 옆에 X 표시를 하자. 다른 말은 쓰지 않고 그냥 마음속에 '나는 …을 못한다.'라는 문장이 완성될 때마다 X 표시를 하면 돼. 1분 동안 이렇게 해 봐.

1분 뒤에 네가 표시한 것들을 봐. 얼마나 많은 X 표시가 보이니? 너무 많아서 마음이 아프니? 그런데 너는 네가 표시한 X가 아니야. 지금 의자에 앉아서 그걸 보고 있는 사람이지.

X 표시들 사이에 빈 공간이 있을 거야. 너는 그 공간에 있어. 너는 언제나 너 자신이야. 너는 단 몇 문장으로 표현할 수 없는 존재이며, 어떤 비판도 너를 다른 존재로 만들지는 못해.

3단계: 너만의 강점과 능력을 발견하기

우리는 다른 사람을 부러워하고 그들처럼 되고 싶어 해. 단거리 달리기 선수는 지구력이 더 있기를 바라고, 장거리 달리기 선수는 전력 질주를 잘하기를 바라지.

내 얘기를 한번 해 볼게. 나는 달리기를 잘 못했고, 내가 느린 게 싫었어. 축구 시합이 시작되면 일제히 달리기 시작하고 다른 사람들이 나를 앞지르며 달려 나가기 시작했어. 공을 빼앗기기 일쑤였고, 시합이 끝나고 나면 패배감에 괴로워했지. 나는 너무 느렸어.

하지만 계속해서 다른 스포츠를 시도한 끝에 내가 가진 강점이 스파링에 적합하다는 것을 알아냈어. 스파링은 권투 경기를 하는 링 안에서 하는 것이기 때문에 매우 짧은 거리에서의 속도가 필요해. 이러한 특수한 환경에서는 내가 느리지 않고 잽싸게 움직인다는 것을 알았어. 이 스포츠는 다른 어떤 것보다 나의 몸과 특성에 잘 맞았어.

내가 무슨 이야기를 하려는지 알겠니? 지금은 찾지 못했더라도 분명 어딘가에 너의 고유한 기술과 장점과 능력을 사용할 수 있는 너와 딱 들어맞는 무언가가 있을 거야. 언제 어디에서 그런 기회를 만날지 몰라. 지금은 잘 모를 수도 있지만, 그때를 위해 네가 계속 발전하고 있다는 사실을 기억해. 그때까지는 자신이 누구인지 파악하려고 꾸준히 노력하고, 계속 시도하고 실패도 해야 해. 네 안의 발견하는 사람과 계속 함께하자. 그러는 동안 너는 더욱 강해지고 마침내 너만의 특별한 장소에 닿게 될 거야.

자신의 고유한 강점을 찾기

아래 목록에서 너의 강점이라고 생각하는 다섯 가지를 찾아 동그라미 표시를 해 봐. 목록에 없다면 아래 빈칸에 적어 보자.

그림을 잘 그린다.
모둠 활동에서 협력을 잘한다.
수학을 잘한다.
쌓아 올리기를 잘한다.
사람들을 즐겁게 한다.
새로운 것을 잘 익힌다.
다른 사람들의 감정을 이해한다.
새로운 생각을 잘 떠올린다.
달리기를 잘한다.
스포츠에 능하다.
자기 표현을 잘한다.
정리 정돈을 잘한다.
자신의 감정을 잘 이해한다.
동영상을 잘 만든다.
다른 사람을 잘 돕는다.
야외 활동을 잘한다.
물건을 잘 판다.
다른 사람을 위해 헌신할 줄 안다.
체계적으로 생각할 줄 안다.

사진을 잘 찍는다.
프로그래밍에 능하다.
이야기를 잘 만든다.
사람들과 대화를 잘한다.
다른 사람을 잘 설득한다.
악기를 연주한다.
어려워도 참고 잘 해낸다.
사람들을 잘 이끈다.
힘이 세다.
글쓰기를 잘한다.
새로운 것을 잘 받아들인다.
동물을 잘 돌본다.
다른 사람을 잘 돌본다.
요리를 잘한다.
물건을 잘 고친다.
과학을 잘한다.
사업 아이디어가 많다.
예술 표현을 잘한다.
운동을 잘한다.

아이들을 잘 돌본다.
새로운 일을 잘 시작한다.
스트레스를 받아도 차분하게 행동한다.
용감하다.
멀티태스킹에 능하다.
유머 감각이 있다.
미루지 않는다.
상황을 잘 파악한다.
현명하다.
규칙을 잘 지킨다.
신념을 지킨다.
탐험을 잘한다.
자동차를 잘 안다.
손으로 물건을 잘 만든다.
소셜 미디어를 잘 활용한다.

목표 달성을 위하여 노력할 줄 안다.
책임을 진다.
어려운 일도 잘 극복한다.
복잡한 문제를 잘 이해한다.
깊이 생각한다.
계획을 잘한다.
약속을 잘 지킨다.
다른 사람들을 응원한다.
신중하게 선택한다.
새로운 상황에 잘 적응한다.
창의력이 있다.
희망을 잃지 않는다.
노래를 잘 부른다.
기계를 잘 다룬다.
친구를 잘 사귄다.

네가 고른 다섯 가지는 너만이 가진 너의 강점이야. 다른 사람이 그 다섯 가지 강점을 전부 가질 확률은 매우 적어. 네가 가진 이 특별한 강점들의 조합이 너를 이 세상 딱 하나뿐인 존재로 만들어. 네가 가진 이 강점들을 어떻게 사용할 수 있을까? 어떤 종류의 일을 할 수 있을까? 어떤 취미를 가져 볼 수 있을까? 어떤 것을 배우고 싶니? 자신의 강점을 잘 알면 자신에 대한 생각이 어떻게 바뀔까?

네가 적은 목록을 다시 한번 보자. 특별히 더 발전시키고 싶은 게 있는지 살펴봐. 이 세상 사람들이 모두 같은 강점을 가지고 있다고 상상해 보자. 온통 똑같은 일을 하는 사람들로 이 세상이 가득하다면 어떨까? 우리가 사는 세상이 잘 돌아가려면 다양한 재능을 가진 사람이 필요해. 너는 이 세상에 딱 하나뿐인, 꼭 필요한 존재야.

4단계: 자신을 믿고 그대로 받아들이기

자신을 믿기 위해 확실한 증거가 있어야만 한다면 내면에서 비판적인 목소리가 들려왔을 때 그렇지 않다고 설득해야 해. 그런데 늘 그렇게 하기는 어려워. 우리 안의 조언하는 사람은 잘 잊지 않아. 네가 나쁜 일을 겪고 실수를 했다면, 아무리 잊고 싶어도 그렇게 잘 안 돼.

하지만 여러 번 강조한 것처럼 우리 안의 조언하는 사람이 우리 자신은 아니야. 우리는 조언하는 사람의 비판적인 목소리가 들려와도 그것을 받아들이고 좋은 선택을 할 수 있어. 그러려면 때로는 확실한 증거가 없더라도 자기 자신을 믿을 줄 알아야 해. 기회가 없거나 더 나은 일을 할 수 없는 상황에 처하더라도 자기 자신을 믿어야 해. 의심스럽더라도 어쨌든 그렇게 하는 거야.

네 안의 조언하는 사람에게 이와 같은 새로운 규칙을 알려 주자.

> 의구심이 올라오더라도 나는 여전히 나를 믿고 일어설 수 있다.
> 얼마든지 더 나아질 수 있다.

앞으로는 이 규칙에 맞는 조언을 네게 들려줄 거야.

나의 삶을 나답게 이끄는 비결

마음을 따라가기

너라는 사람, 네가 가진 재능이 이 세상에 딱 하나뿐이라는 걸 기억하자. 너만의 개성을 바꿔야 할 이유가 없어. 이 세상은 너의 특별한 점이 필요해. 또한 자신을 믿는 연습을 하자. 네 안에서 할 수 없다는 목소리가 들려와도 자신에 대한 믿음을 가지고 할 수 있는 것처럼 행동하자.

변화를 받아들이고 잘 대처하기

다른 모든 것처럼 자신감도 계속 변해. 때때로 거센 파도가 일어서 물속으로 들어가더라도 곧 다시 물위로 떠오르는, 절대 가라앉지 않는 자신감을 기르자. 너는 계속해서 변하고 있어. 지금 네가 가진 강점뿐 아니라 새로운 강점도 얼마든지 개발할 수 있어. 네가 되고 싶은 그러한 사람이 되자.

유연해지기

- **발견하는 사람과 함께하기:** 새로운 일을 시도하며 네가 잘하는 것을 계속 찾아 봐. 생각만으로는 부족해. 행동할 때 진정한 자신감이 생겨.
- **알아차리는 사람과 함께하기:** 네가 너 자신을 의심할 때 몸에서 어떤 반응이 일어나는지 알아차리자. 네가 알아차리고 끌어내면 어려운 감정도 힘을 잃게 돼. 용기를 내서 불안한 감정을 받아들여 봐. 불안한 생각과 느낌을 받아들이는 것은 진정한 자신감이 있기 때문이야.
- **조언하는 사람과 함께하기:** 불안할 때 어떤 생각이 떠오르니? 자신을 비판하는 소리가 너라는 사람을 깎아내리지 않는다는 점을 기억해. 자기 비판이 네게 도움이 되지 않는다면 그냥 내버려 두고 무시하자.
- **자기 관점으로 보기:** 자신을 혹독하게 대하고 있다는 것을 알아차렸다면, 자기 비판은 그저 생각뿐이라는 걸 마음에 새겨 두자. 너는 그 생각보다 더 큰 존재야. 생각과 싸울 필요가 없어.
- **사회적 관점으로 보기:** 몇몇 사람들은 불안할 때 다른 사람들을 낮추어서 자기 자신을 높이려고 해.(7장을 참고하자.) 다른 사람이 너를 비판하는 말들을 모두 들을 필요는 없어. 사람들이 너를 비난하거나 싫어한다고 해서 그게 너 때문이라는 뜻은 아니야. 너와 상관 없는 이유로도 그들은 그렇게 하곤 해. 다른 사람이 왜 나를 비난하는지 이유를 살펴볼 때 사회적 관점을 사용해 봐. 너를 돕기 위해 그럴 수도 있지만 단지 자기 자신을 높이기 위해 너를 비난하는 거라면 무시해도 돼.

원하는 일을
잘 해내고 싶을 때

네가 만약 이렇다면

잘하고 싶은 게 있다.
해내고 싶은 일이 너무 어려운데 나는 재능이 부족한 것 같다.
더 잘하려면 어떻게 해야 할지 모르겠다.
계속 노력해도 성적이 오르지 않고 지친다.

이런 걸 배울 거야

가치 있는 목표를 발견하는 법
도움이 되는 스트레스와 해로운 스트레스를 구분하는 법
스트레스와 휴식을 적절히 이용하는 법
진행을 늦추는 방해 요소들

▨ 고백할게. 나는 학교가 싫었어. 공부나 숙제도 하고 싶지 않았어. 아이들이 괴롭혔고, 선생님들도 나를 좋아하지 않았어. 부모님도 별다른 도움을 주지 못하셨어. 어디에서도 공부를 해야 할 이유를 찾을 수 없었지. 결국 고등학교도 졸업하지 못했어. 어느 순간, 아무런 기술도 졸업장도 없이 세상에 홀로 서 있는 열여덟 살의 나 자신을 발견했어. '어떻게 해야 하지? 어떤 일을 할 수 있을까?' 그때 깨달았어. 다른 사람이 시켜서가 아니라, 지금 내가 할 수 있는 일을 찾기 위해서 공부를 해야 한다는 사실을 말이야.

그때부터 나는 내가 원해서 공부를 하기 시작했어. 열심히 공부한 끝에 흔히들 말하는 좋은 대학은 아니었지만 나에게 맞는 대학을 찾았지. 대학에 들어간 뒤에는 놀랍게도 태어나서 처음으로 좋은 성적을 받기 시작했어. 뭐가 달라졌을까? 고등학교 때 나는 야단을 맞지 않기 위해 학교를 다녔어. 외부의 압력을 피해 도망쳤어. 하지만 내가 가치를 두는 일을 발견한 뒤로는 나 스스로 이렇게 말했어. '나는 공부를 하고 싶다. 더 나은 삶을 위하여 공부해야 한다.' 무슨 차이인지 알겠니? 나는 나의 더 나은 미래를 위해 스스로 달리기 시작한 거야. 나쁜 것을 피해서 달리는 것과 좋은 것을 향해 달리는 것은 차이가 커.

가치 있는 목표를 찾기

꼭 말하고 싶은 것은, 당장 잘하지 못하더라도 목표로 삼을 만한 것을 찾아야 한다는 거야. 그것을 향해 달리면서 힘이 나고 열정이 생기는 그런 목표를 찾아야 해. 네가 가치를 두고 온 힘을 다해 추구할 뭔가를 말이야.

아래 질문에 대하여 차분히 생각해 보자.

훌륭하게 잘 해내고 싶은 일, 다시 말해 목표를 찾는다면, 그것을 해내기 위해 어떤 노력을 할 수 있니?

그 일이 네게 왜 중요할까?

이 질문에 대한 답을 찾을 수 있다면 네가 진짜 하고 싶은 일이 무엇인지 알게 될 거야. 또, 그 일을 해내기 위해서라면 집중하여 열정과 에너지를 쏟을 수 있을 거야.

스트레스와 함께하기

내 이야기를 조금 더 해 볼게. 학교는 내게 매우 힘든 곳이었어. 사실 대학에서도 그랬어. 대학에 들어갔다고 해서 갑자기 버튼을 누른 것처럼 모든 게 잘되지는 않았어.

나는 막연히 작가가 되고 싶었어.(지금 이렇게 글을 쓰고 있다니!) 하지만 학교에서 좌절과 실패만 겪었어. 작문 시험에서도 낮은 점수를 받았던 것 같아. 나 자신이 의심스러워지기 시작했어. '내게 작가가 될 만한 자질이 있을까?' 나는 그럴 만한 재능도 없고 별로 똑똑하지도 않은 것 같았어. 계속 실수하고 좋은 평가도 받지 못했지. 정말 작가가 되고 싶었다면 열심히 공부해야 했지만 혼란스럽고 불확실한 느낌에 스트레스만 받았어. 그래도 나는 버텼어. 학부를 졸업하고 박사 학위는 따는 데에 10년이 넘게 걸렸어. 그 오랜 기간 동안 나는 포기하지 않았어. 그리고 깨달았지. 목표를 이루고 하고 싶은 일을 잘 해내려면 스트레스는 피할 수 없다는 사실을 말이야.

안전한 장소를 벗어나면 스트레스를 받아. 그게 정상이야. 스트레스는 네가 살아 있고, 너 자신을 돌보아야 한다는 신호야. 살아 있는 건 좋은 거잖아.

걱정, 긴장감, 견디기 힘든 압박감, 집중하는 힘 등 어떤 일을 해내는 과정에서 스트레스를 받을 때 네 안에서 무엇이 느껴지는지 아래에 써 보자.

유용한 스트레스를 발견하기

많은 사람이 스트레스가 나쁘고 피해야 한다고 말해. 스트레스 없이 살 수 있다고도 해. 하지만 다시 말하지만 스트레스는 정상이야. 스트레스 없는 삶은 불가능해.

네가 올해 가장 큰 경기를 치를 운동선수라고 상상해 봐. 당연히 경기에서 이기고 싶을 거야. 모두가 너를 지켜보고 있어. 어떠니? 스트레스를 막을 수 있을까? 어림없는 일이야. 네가 큰 시험을 앞두고 있고 그 시험이 네 미래에 중요하다면 스트레스를 안 받을 수 있을까? 어떤 일을 잘 해내려면 실수, 실패, 창피함, 부상, 좌절을 감수해야 해. 스트레스 없이 사는 사람은 없어. 스트레스 없는 삶을 산다면 그건 살아 있는 게 아니야.

스트레스가 무조건 좋다는 얘기를 하는 것은 아니야. 자신에게 불가능한 기대를 하면서 받는 스트레스는 좋지 않지. 좋은 스트레스는 네가 어떤 일을 잘 해내고 훌륭하게 성취할 수 있도록 도와줘. 그런 스트레스는 네가 어려운 일에 도전할 때 생기는데, 감당이 안 될 정도로 거대하고 부담스럽지는 않아. 예를 들어 네가 악기를 배우는 중이고 어떤 곡을 연습한다고 해 봐. 그 곡은 어렵긴 하지만, 네가 절대 연주할 수 없을 정도로 어렵지는 않을 거야. 연주를 더 잘하려면 어떤 스트레스를 감당해야 할까? 다른 사람과 경쟁하거나 사람들 앞에서 공연을 할 수도 있지. 콩쿠르에 도전할 수도 있어.

해내고 싶은 일을 하는 과정에서 스트레스를 주긴 하지만, 도움이 되는 활동에는 무엇이 있을까? 좋은 성과를 내기 위해서 어떤 일을 감당할 수 있을까? 생각나는 대로 아래에 적어 봐.

충분한 휴식을 취하기

최고의 성과를 얻기 위해서는 적당한 스트레스가 필요하다는 것을 알게 되었을 거야. 그런데 성공하려면 스트레스 말고 또 하나가 꼭 필요해. 바로 휴식이야. 종종 스트레스를 해소하지 않으면 앞으로 나아갈 수 없어. 근육을 탄탄하게 만들려면 가끔은 그 근육을 쉬게 해야 해.

몸과 마음이 지쳤다면 시간을 정해 두고 규칙적으로 휴식을 취하자. 그때는 긴장을 풀고 아무것도 하지 않은 채로 재충전하는 거야. 휴식을 취하지 않고 밀어붙이기만 하면 오히려 성과가 떨어지게 돼.

좋은 성과를 얻으려면 스트레스-휴식-스트레스-휴식 이런 식으로 일정한 주기가 있어야 해. 어떤 일을 열심히 하면 자연히 피로나 불편함, 의구심 등과 마주치게 돼. 이들로부터 오는 스트레스로 지친 몸과 마음을 회복하는 일에도 꼭 신경을 쓰자. 휴식은 시간 낭비가 아니야. 더 잘 해내기 위해서 꼭 거쳐야 하는 과정이고, 잠재력을 최대한 발휘하기 위해서 꼭 필요한 거야. 그러니 열심히 한 다음에 쉴 때는 죄책감을 느끼지 않아도 좋아.

가장 좋은 휴식 방법을 찾기

어떤 유형의 휴식이 너와 잘 맞는지 알아보려고 해. 아래를 읽고 한번 생각해 보자.

1. 무엇을 할 때 불편함을 느끼니? 공부, 훈련, 운동, 악기 연주 등 네 몸과 마음에 스트레스를 주는 일이 무엇일까?
2. 어떤 휴식 주기가 너와 잘 맞을까? 만약 공부라면 '25분 공부-5분 휴식'과 '50분 공부-10분 휴식' 중 어떤 게 너와 더 잘 맞니? 여러 가지를 시도해 보자.
3. 어떤 종류의 휴식이 너와 잘 맞을까? 20분 동안 낮잠 자기, 책 읽기, 산책, 스트레칭, 동영상 보기, 음악 듣기, 친구와 수다 떨기, 소셜 미디어 보기, 샤워하기, 자연 속에서 쉬기 중에서 무엇을 하고 싶니? 또 어떤 것이 있을까?
4. 네가 하는 일에 따라 휴식의 종류나 주기도 다를 수 있어. 어떤 일에 어떤 휴식이 어울리는지 한번 생각해 보자.

무리하고 있지 않은지 살펴보기

이번에는 어떤 일을 잘 해내려고 할 때 방해하는 요소들을 정리해 볼게. 첫 번째 장벽은 앞에서도 말한 것처럼 너무 무리하는 거야. 휴식 없이 스트레스만 받으면 능력이 잘 발휘되지 않아. 근육에 스트레스를 너무 많이 주면 근육이 약해지는 것과 같은 원리야. 스트레스를 너무 많이 받으면 피곤하고 혼란스럽고 그 일을 해야 하는 동기가 약해질 수 있어.

아래 목록에 있는 것을 느껴본 적이 있니?

- 지쳐서 아무것도 하고 싶지 않다.
- 감당하지 못할 것 같다.
- 피곤하다.
- 짜증이 난다.
- 압박감이 계속 느껴진다.
- 답답하다.
- 긴장된다.
- 하기 싫다.

지나치게 무리하고 있지 않은지 늘 너의 몸과 마음을 잘 살펴야 해. 스트레스가 너무 많이 쌓인 상태를 알아차렸다면 스트레스를 줄이기 위한 행동을 하고 신경 써서 휴식을 취하자. 네가 설정한 목표가 적절한지도 다시 살펴봐야 해. 그 일이 정말 네게 소중하고 힘을 주는 것인지 확인하자.

그냥 열심히만 하고 있지는 않은지 살펴보기

우리 모두 노력이 중요하다는 것은 잘 알아. 잔디밭에 누워서 구름을 바라보는 것만으로 성적이 오르지는 않잖아. 그런데 노력을 하더라도 늘 하던 대로만 하면 더 나아질 수 없어. 그게 바로 두 번째 장벽이야.

그냥 노력이 아니라 '필요한' 노력을 해야 해. 무작정 하는 연습이 아니라 '의도한' 대로의 연습이 필요해.

- 유명한 파도타기 선수는 자신을 두렵게 만드는 파도를 일부러 타면서 스스로 도전하는 연습을 한다.
- 성적이 좋은 학생은 다른 사람에게 알려 달라고 하기 전에 스스로 문제를 풀어 보려고 노력한다.
- 탁월한 연주자는 같은 시간을 연습하더라도 집중을 얼마나 하느냐에서 보통의 연주자와 차이가 난다.
- 프로 가수는 연습할 때 그저 즐겁지만은 않다. 긴장을 유지한 채로 노래를 부른다.

어느 분야에서건 탁월한 성과를 내기는 어려워. 노력을 하는 것도 중요하지만, 어떤 노력을 어떻게 기울여야 할지에도 관심을 기울이자.

미루지는 않는지 살펴보기

해내고 싶은 일을 하는 과정에서 생기는 스트레스를 나쁘고 피해야 한다고만 생각하면 미루는 습관이 생길 수 있어. 그게 세 번째 장벽이야. 스트레스를 많이 주는 일은 보통 어렵거든. 그래서 어려운 일을 피하고 쉬운 일만 하려고 하는 거야. 어려운 일을 피하면 당장은 기분이 좋아져. 그 일을 피하고 대신에 좋아하는 텔레비전 프로그램을 보거나 게임을 하면 기분이 좋을 수밖에 없어. 하지만 그런다고 피하고 미룬 그 일이 사라지지는 않아. 해야 할 숙제는 그대로이고, 여전히 언젠가는 그것을 해야 해. 자꾸 미루다 보면 점점 뒤처지고 스트레스는 몇 배가 되어서 돌아와.

아래는 미루기를 줄이기 위해 해 볼 수 있는 일들이야.

1. 작게 시작한다. 큰 목표가 '최고의 애플리케이션 개발자가 되는 것'이라면, 이 목표를 위해 '매일 조금씩 애플리케이션 디자인을 공부하는 것'으로 시작한다.
2. 시간을 정한다. '저녁 식사 후 10분 동안 애플리케이션 디자인에 대한 조사를 할 것'이라고 구체적인 일정을 정한다.
3. 3일 동안 해 본다. 목표대로 실행하면 자기 자신을 칭찬한다. 그리고 시도한 방법이 적절했는지, 바꿀 필요가 있는지 살펴본다.

실패의 이유 중 하나는 너무 먼 미래에 이룰 거대한 목표를 세우기 때문이야. 어떤 목표든 작지만 의미 있는 것에서부터 시작해 봐.

내면의 비판에도 귀를 기울이기

우리 내부의 장벽에 대해서도 생각해 보자. 새로운 것을 배우거나 안전한 곳에서 벗어나려 할 때마다 네 안의 조언하는 사람은 그만 멈추라고 말할 거야. 기억하니? 조언하는 사람이 문제나 위험을 발견하는 역할을 맡았다는 걸 말이야. 만약 네 안에서 '이 일은 너무 어렵고 넌 그걸 해낼 만큼 똑똑하지 않아. 그걸 해내려면 시간이 너무 오래 걸려. 넌 결코 해낼 수 없을 거야.' 이런 말이 들려온다면 그건 조언하는 사람이 실패로부터 너를 보호하려고 하는 거야. 네가 원하지 않아도 그런 말은 계속 들려올 거고, 기다려도 조언하는 사람은 긍정적인 말을 해 주지 않아.

하지만 기다리지 않아도 돼. 그 목소리와 함께 사는 법을 배우면 돼. 너만 그런 것도 아니야. 누구나 이러한 내면의 목소리를 들으며 살아가거든.

조언하는 사람이 너를 보호하기 위해 비판하는 말을 하면 이렇게 말하자. "실패로부터 나를 보호하려고 도와주어서 고마워. 하지만 난 그걸 할 거야. 그리고 훌륭히 해낼 거야."

나의 삶을 나답게 이끄는 비결

마음을 따라가기

왜 노력을 할까? 단지 다른 사람을 기쁘게 하기 위해 노력하는 거라면, 힘든 시간을 견디기 어려울 거야. 단지 다른 사람을 이기고 싶어서 노력하는 거라면, 지지 않을 순 있겠지만 더 앞으로 나아가긴 어려워. 다른 사람들을 즐겁게 하거나 다른 사람들을 이기는 데에 집중하는 대신에 왜 내가 이 일을 하려고 하는지에 초점을 맞추자. 그 일을 조금씩 잘하게 되면서 기쁘고 뿌듯하고 만족스러운 그 느낌을 기억하자. 그래야 목표를 향한 열정이 사라지지 않아.

변화를 받아들이고 잘 대처하기

목표를 향해 나아가는 여정은 그리 즐겁지만은 않아. 긴 시간 동안 같은 일을 반복하고 스트레스를 받고 지루하기도 할 거야. 운동선수는 몇 년 동안 같은 동작을 연습하고, 음악가는 같은 음악을 수백 번 넘게 연습해. 목표에 이르기까지 너는 기쁘기도 하고 신나기도 하고 불안하기도 하고 화가 나기도 하고 자신감을 느끼기도 하고 패배감을 느끼기도 할 거야. 그 모든 변화를 받아들이고 계속 나아가자.

유연해지기

- **발견하는 사람과 함께하기:** 잘 해내기 위해 어떤 행동을 해 나갈지 선택하자. 안전한 장소를 벗어나기 위해 새로운 방식을 시도하고, 휴식을 할 때 새로운 시도를 한번 해 봐.
- **알아차리는 사람과 함께하기:** 너의 상태를 잘 살피고 지치거나 너무 많이 피곤하다면 이를 알아차리고 적절한 휴식을 취해야 해.
- **조언하는 사람과 함께하기:** 아래처럼 기본 원칙을 정하자.
  ① 무리하고 있다고 느끼면 쉰다.
  ② 어려운 일을 할 때는 의도적인 노력과 연습을 한다.
  ③ 미루지 않게끔 과제를 작은 단위로 나누고 시작하는 때를 정해 둔다.
  ④ 비판의 목소리가 들려오면 새로운 일을 시도하여 잠재운다.
- **자기 관점으로 보기:** 조언하는 사람이 비관적인 말을 해도 굴하지 말자. 그들은 자주 틀려. 누구든 자기가 생각하는 것보다 훨씬 더 나아질 수 있어. 새로운 방식으로 연습할 때 우리 몸과 뇌에는 좋은 변화가 생겨. 너는 고정되어 있지 않아. 네가 얼마나 잘할 수 있을지는 아무도 알 수 없어.
- **사회적 관점으로 보기:** 목표를 달성하기 위해 노력할 때, 아마 다른 사람들과 경쟁하게 될 거야. 다른 사람들보다 더 나은 계획을 세우거나 좋은 점수를 받으려고 노력하겠지. 남들보다 뛰어나고 싶고 그들을 이기려는 욕망과, 다른 사람들을 돕고 지지하려는 욕망 사이에서 긴장이 생길 거야. 이때 아래의 내용을 기억하자.
  ① 다른 사람보다는 자기 자신과 비교하여 나아지기 위해 노력한다. 그래야 시기와 질투에서 벗어날 수 있다. 6개월 전의 나보다 나아졌는지, 새로 배운 것이 있는지, 도전을 즐기고 있는지 등 자기 자신에게 초점을 맞춘다.
  ② 경쟁하는 동안에 품위 있게 행동하고 다른 사람들을 도와준다. 졌다면 이긴 사람을 축하하고, 이겼다면 정중하게 행동한다. 그러면 크게 성취하면서도 사람들과 좋은 관계를 맺을 수 있다.

나가는 글

여기가 이 책의 끝부분이지만, 네 삶은 그렇지 않지. 너의 미래는 흥미진진하겠지만, 가끔은 어려운 일도 있을 거야. 문제를 해결하고 도전해야 할 때마다 이 책을 떠올리자. 언제든 펼쳐 볼 수 있어. 너의 삶은 계속 변하고 있고, 변화를 관리하는 기술이 필요할 거야. 농구 선수가 연습을 계속하듯 너도 삶에 필요한 기술을 익히기 위해 계속 연습해야 해.

이 책을 통하여 네 안에서 이런 것들을 발견했어.

1. **조언하는 사람:** 좋은 생각을 떠올리고 도움이 되지 않는 생각을 멀리하는 능력
2. **알아차리는 사람:** 잠시 멈추고, 나 자신의 몸과 마음, 감정, 그리고 주변에서 일어나는 일들을 알아차리는 능력
3. **발견하는 사람:** 새로운 행동을 시도하고, 새로운 기술과 사회적 관계를 개발하는 능력
4. **가치:** 자신의 삶에 기쁨과 의미와 목표 의식을 주는 것

두 가지 다른 관점을 대해서도 배웠지.

5. 자기 관점: 계속 변화하고 성장하면서 자기 자신 안에서 조언하는 사람, 알아차리는 사람, 발견하는 사람과 가치를 발견하는 능력

6. 사회적 관점: 다른 사람의 시선에서 보고, 그들과 연결되기 위해 소통하고 관계를 맺는 능력

이 책에서 배운 내용을 연습하고 적용하여 탄탄하고 유연한 내면의 힘을 길러 보자. 너의 미래를 너답게 일궈 나갈 수 있을 거야!

건강한 마음, 행복한 삶
잇츠북 출판사의 마음 Pick! 시리즈

① 내 마음이 잘 지냈으면 좋겠어
케이티 헐리 글, 인디 그림, 조연진 옮김, 178쪽, 14800원